ELIZABETH
TAYLOR

Ihre Filme - ihr Leben

von FOSTER HIRSCH

Deutsche Erstveröffentlichung

WILHELM HEYNE VERLAG
MÜNCHEN

Deutsche Übersetzung: Alfred Dunkel
Redaktion: Thomas Jeier

Inhalt

7 Die vielen Gesichter der Elizabeth Taylor

21 Die Lady ist kein Tramp

29 Pferde und Hunde

41 Puppy Love

52 Der falsche Mann

90 Die Katze

115 Die Königin

135 Die Widerspenstige

183 Die Filme von Elizabeth Taylor

190 Bibliographie

191 Register

Danksagung

Der Autor dankt dem Personal der Theatre Collection, New York Public Library im Lincoln Center; Charles Silver vom Museum of Modern Art Film Study Center; Michael Kerbel bei Audio-Brandon Films, Inc. Besonderer Dank geht an Jerry Vermilye, der die Fotografien für dieses Buch zur Verfügung gestellt hat.

Die vielen Gesichter
der Elizabeth Taylor

In *Love Is Better Than Ever* spielt Elizabeth Taylor eine Kleinstadt-Tanzlehrerin. In *Butterfield 8* (›Telefon Butterfield 8‹) ist sie eine Art Modell und Gelegenheits-Callgirl. In *Secret Ceremony* (›Die Frau aus dem Nichts‹) spielt sie eine Prostituierte, mit der es rapide bergab geht. In *The Only Game in Town* (›Das einzige Spiel in der Stadt‹) ist sie ein einsames Showgirl in Las Vegas. In *Hammersmith Is Out* serviert sie Essen in einer Raststätte an der Straße. In den übrigen Filmen ist sie ganz einfach Frau; ein nichtproduktives Mitglied einer privilegierten Klasse. Reich, schön, untätig; eine Person ohne jegliche Leistung. In einem Film nach dem anderen besteht ihr einziges Ziel darin, sich einen Mann zu angeln. Ihr größtes Problem ist, daß sie Mühe und Schwierigkeiten hat, einen Mann zu gewinnen oder ihn zu halten.

Sie hat ein berühmtes Gesicht und eine erstklassige Figur; trotzdem taugt die Taylor in ihren Filmen nichts für die Männer. Sie nutzt sie aus oder bringt sie von ihrem Kurs ab.

In *Rhapsody* (›Symphonie des Herzens‹) stellt sie für Vittorio Gassman eine Bedrohung dar, indem sie Zärtlichkeit von ihm verlangt und ihn so von seiner Musik ablenkt. In ihrer Rolle als Partygirl in *The Last Time I Saw Paris* (›Damals in Paris‹) stört sie Van Johnsons Konzentration; solange Liz ihn umgurrt und ständig Partys besucht, kann er den großen Roman nicht schreiben, der in ihm zum Ausbruch drängt. Der größte Taylor-Störenfried ist die Southern Belle in *Raintree Country* (›Das Land des Regenbaumes‹) eine gequälte, ränkeschmiedende Lady, die Montgomery Clift von seiner Suche nach dem wahren Sinn des Lebens abhält.

Was bereitet Elizabeth Taylor auf der Leinwand solche Schwierigkeiten, einen Mann zu halten? Ist sie zu aufdringlich? Zu müßig? Zu dumm? Zu anspruchsvoll und fordernd?

Auf jede der von ihr dargestellten Rollen trifft der eine oder andere Vorwurf zu. Aber das allein ist es nicht. Es gibt noch etwas anderes; vielleicht einen tiefverwurzelten metaphysischen Mangel, der sie dazu verurteilt, niemals richtig zur Erfüllung zu gelangen.

Wie viele legendäre Schauspielerinnen hat auch Elizabeth Taylor ihre Geheimnisse. *Sie* mag vielleicht wissen, wer sie ist, aber sie wird uns nicht alles erzählen.

Die Taylor-Frauen wirken immer irgendwie abwesend; das stellt ihren großen Reiz dar, bedeutet aber zugleich ihren Sturz. Männer verlieren das Interesse. In *X, Y and Zee* (›X, Y und Zee‹) treibt es Michael Caine aus dem Haus. In *The VIPs* (›Hotel International‹) ist Richard Burton vor allem mit Geldverdienen beschäftigt. In *Hammersmith Is Out* langweilt sich Beau Bridges derartig mit ihr, daß er sie umbringen lassen möchte. So kommt es, daß die unglückliche Lady Taylor oft an Männer gerät, die andere Männer als Gesellschaft vorziehen. In *Reflections in a Golden Eye* (›Spiegelbild im goldenen Auge‹) zieht Marlon Brando das saubere Leben von Männern unter Männern ganz entschieden einer Ehe mit Liz vor. In *Suddenly, Last Summer* (›Plötzlich im letzten Sommer‹) benutzt Vetter Sebastian sie als Lockvogel für seine Jungen. In *Cat on a Hot Tin Roof* (›Die Katze auf dem heißen Blechdach‹) denkt ihr Ehemann mehr an seinen toten Football-Kumpel als an sie.

Liz, die stets gebeutelte Ehefrau, die verstoßene Geliebte, die mißbrauchte und auf ihrer Suche nach Liebe gedemütigte Frau, muß Überstunden machen und sich übermäßig anstrengen, um die Aufmerksamkeit zu finden, die ihr nach ihrer Meinung als spektakuläre weibliche Frau, die sie ist, zusteht.

Als weibliche Lady, deren einzige Realität die Liebe eines bewundernden Mannes ist, findet sie sich bereit, alles für eine Romanze und (üblicherweise) Ehe zu opfern.

Viele weibliche Stars, die sich in der gleichen gehobenen

Kategorie wie Liz befinden, sind selbständige Typen; entschlossene Frauen, die es verstehen, sich in einer Welt der Männer zu behaupten. Crawford, Davis, Hepburn, Stanwyck, Hayward... sie alle sind Damen, die genügend Selbstvertrauen und Ausdauer besitzen, um leitende Positionen einzunehmen und auch vor der Verantwortung eines Firmenchefs nicht zurückzuscheuen. Diese männlichen Frauen können es aus eigener Kraft schaffen, und sie tun es auch. Sie denken gar nicht daran, sich von der Aussicht auf einsame Nächte demoralisieren und unterkriegen zu lassen.

Die Taylor hat niemals die Rolle einer leitenden Persönlichkeit gespielt. Allein die Vorstellung mutet lächerlich an. Sie hat auch niemals eine ehrgeizige Karrierefrau gespielt; auch nicht eine um Erfolg kämpfende Schauspielerin oder eine Konzertpianistin. Sie will nur lieben und geliebt werden.

Ehemänner, die fremdgehen; Freunde, die sich schlecht benehmen; aus der Laune des Augenblicks heraus gefällte amouröse Entscheidungen... die Taylor-Frauen mußten wirklich Problemen ins Gesicht sehen, mit denen sich auch die Massen konfrontiert wissen. Aber die Welt dieser Frauen, eingehüllt in Glamour, der vom Studio geschaffen wurde, ausgestattet mit allen Privilegien der obersten Gesellschaftsschicht, verläuft eher parallel zur realen Welt, statt sich mit ihr zu identifizieren. Die Darstellung der Taylor ist zwar oft aufrichtig, aber ihre Rollen sind eine Porträt-Serie der ›schönen Frau als Filmstar‹.

Richard Schickel schrieb in seinem Buch *The Stars:* ›Elizabeth Taylor war, ist und wird immer ein Filmstar bleiben. Seit ihrem achten Lebensjahr hat sie keine andere Identität als die einer Schauspielerin oder – um es noch besser auszudrücken – einer öffentlichen Persönlichkeit.‹

Die Taylor ist eine der letzten ihrer Garde; ein Überbleibsel des alten Hollywood und eines Studiosystems, das verschwunden ist. Sie kann sich nicht als aufgeschlossene, moderne Frau qualifizieren. In ihren Rollen ist sie tastend und

unsicher; sie sehnt sich nach Liebe und Aufmerksamkeit. Elizabeth Taylor in London oder auf Ceylon, in Texas oder im alten Ägypten, ja sogar im zeitgenössischen Manhattan... sie ist und bleibt pures Beverly Hills. Zauberhaft schön, beschirmt von Ruhm und Geld... aber sie hat niemals ein normales Alltagsleben geführt. Und das ist stets deutlich genug zu erkennen.

In der Entwicklung von Elizabeth Taylor gibt es keine Lücken. Das kleine Mädchen, das Pferde und Hunde liebt; der heiratsfähige Teenager, der seine Zeit mit Verabredungen und mit Freunden vertrödelt, die sich schlecht aufführen; die reiche, junge Frau und Mutter, die Pariser Stadthäuser, Teeplantagen auf Ceylon und monströse Texas-Ranches leitet; der matronenhafte Zankteufel, der sich in geifernde Wortgefechte mit streitsüchtigen Ehepartnern einläßt... so ist die Taylor in den Augen der Öffentlichkeit herangewachsen.

Ein Star, dem der Ruhm dreißig Jahre lang treu geblieben ist; eine ununterbrochene Filmkarriere; und doch hat dieser Star das gleiche Schicksal erlitten wie die meisten Personen, die von der Taylor auf der Leinwand dargestellt wurden: Sie ist niemals voll und ganz anerkannt und gewürdigt worden.

Trotz Ruhm, trotz permanenter Filmverträge, trotz Oscar-Verleihungen und -Nominierungen... eine gute Presse hat sie nur sehr selten gehabt. Sie wurde wegen ihrer Stimme angegriffen (ein trockenes, helles, hohes, sandpapierartiges, reizendes Instrument). Man warf ihr Mangel an Star-Präsenz vor und beschuldigte sie, lediglich von Gesicht, Figur und persönlicher Bekanntheit zu profitieren. Sie ist keine Schauspielerin, behaupten Kritiker, die nicht viel von ihr halten; sie ist nichts weiter als eine Puppe mit Gesicht. Und doch... Elizabeth Taylor ist nicht nur deswegen dreißig Jahre lang eine prominente Persönlichkeit gewesen, weil sie so toll aussieht und fünf Ehen hinter sich hat, die von der Presse weidlich ausgeschlachtet wurden. Nein, sie hat besser als irgendeine Kollegin ihres Jahrgangs MGM überlebt, weil

sie alles, was sie tun kann, auch wunderbar gut tun kann. Wenn sie die Chance erhält, ist sie eine gerissene, romantische Schauspielerin, eine kesse, scharfzüngige Person, eine hervorragende Komödiantin, eine *bona-fide*-Sirene. Manchmal kommt sie sanft und teilnahmslos heraus, aber sie kann auch mit Flair und Temperament auftreten. Sie kann küssen und weinen und patzige Antworten geben. Das alles macht ihr so leicht keine nach. Ob Quälgeist, Zankteufel oder Hure... sie hat auf alles ein Patent.

Aber die Taylor mag sich noch so kratzbürstig oder vulgär benehmen... das alles wird stark gemildert, weil sie zugleich sehr leicht und tiefgreifend verletzt werden kann; am Ende ist sie stets liebenswert.

Sie ist keine anmaßende Filmkönigin, die über die Plebejer herrscht; sie ist eine nette Dame, die allen gefallen und Freude bereiten möchte. Der Taylor-Zankteufel mag sich zwar höhnisch gebärden und wie eine Tigerin auf dem Kriegspfad kratzen und beißen und um sich schlagen, aber am Ende ist sie überhaupt keine Keiferin. Ganz gleich, was zuvor geschehen ist... in der Schlußszene wirbt die Taylor um die Sympathie des Publikums, und so geht alles stets gut aus.

Die Taylor ist auch keineswegs eine Rebellin. Sie ist als junge, sture Frau, die schon springt, bevor sie richtig hingesehen hat, eine Person, der noch ein paar Dinge beigebracht werden müssen. Wenn man ihr zunächst die Chance gibt, einige Fehler und Irrtümer zu begehen, wird sie weich und erweist sich am Schluß als gehorsame Bürgerin. Typisch für die Taylor ist ihr Film *The Girl Who Had Everything;* darin spielt sie die rebellische Tochter eines reichen Mannes und brennt mit einem romantischen Unterwelttyp durch, der ihr besser gefällt als der ernste, nüchterne Berufsmensch, den ihr Vater für sie ausgesucht und bestimmt hat. Aber als die Affäre fade wird, und das ist sehr bald der Fall, hat die Taylor genügend gesunden Menschenverstand, wieder auszusteigen und nach Hause zu ihrem Daddy und dem reichen,

konservativen Leben zurückzukehren. Wie in fast allen ihrer Filme ist sie am Schluß gezähmt. Hat sie sich mit ihrem Mann erst einmal gemütlich in einem Heim niedergelassen, beruhigt sich ihr rebellisches Wesen vorübergehend. Zu den Filmrebellinnen gehört Elizabeth Taylor jedenfalls nicht. Im Film *Giant* (›Giganten‹) regt sie sich zwar darüber auf und nimmt es sich sehr zu Herzen, daß die Mexikaner von den Texanern schlecht behandelt werden, aber sie spielt niemals eine Frau, die für eine Sache eintritt.

Im Privatleben war die Taylor ab und zu eine von Hollywoods Skandalweibern, aber auf der Leinwand hat sie kaum einmal die Rolle einer anrüchigen Frau gespielt. Hat sie überhaupt jemals ein schlechtes Mädchen gespielt? Eigentlich ist sie niemals so richtig wild gewesen. Als sie in *The Last Time I Saw Paris* (›Damals in Paris‹) ein Partygirl spielen mußte, war sie viel zu solide, um überzeugend zu wirken. Man vergleiche ihr B-Girl in *Butterfield 8* (›Telefon Butterfield 8‹) mit Jane Fondas Hure in *Klute;* die Fonda ist rauh, hart, trotzig, aufsässig, während die Taylor weiter nichts will als heiraten. An Sex um des Profits willen liegt ihr nichts.

Die zähmbare Taylor gehört auch nicht zu den Hollywood-Neurotikern. Sie hat blöde, dämliche, alberne Rollen gespielt, aber im Grunde genommen strahlt sie robuste geistige Gesundheit und Spaß an der Freude aus. Auf der Leinwand war sie nur ein einziges Mal eingesperrt, und zwar im Film *Raintree Country* (›Das Land des Regenbaumes‹), die übrige Zeit hat sie sich stets in Gesellschaft der größten, besten und geistig gesündesten Stars befunden. Sie ist das immerwährende Opfer romantischer Qualen, aber sie überlebt fast immer. Ausnahme: Im Film *The Last Time I Saw Paris* (›Damals in Paris‹) zieht sich die von ihr dargestellte Person eine Lungenentzündung zu. Die von der Taylor gespielten Frauen sind Kämpferinnen, etwa wie Maggie the Cat; sie geben nicht eher Ruhe, bis sie bekommen, was sie haben wollen. Ihre Beharrlichkeit und geistige Gesundheit sind vielleicht das Geheimnis ihrer so dauerhaften Karriere

als Filmstar. Auf der Leinwand und im Privatleben, ob als
junge Witwe oder Geschiedene oder Geliebte, sich über
Anstand und Schicklichkeit hinwegsetzend und ihren Eltern
Trotz bietend... die Taylor hatte mit allem eine dramatische
Zeit, aber sie hat alles überdauert.

Ruhm und Reichtum haben ihr niemals den Kopf ver-
dreht oder den klaren Verstand geraubt. Sie ist eine Frau mit
herzerfrischendem Sinn für Humor. In den Rollen, die sie im
Leben und im Film gespielt hat, korrigiert sie die allgemeine
Legende, daß Hollywood seine eigenen Kinder vernichtet.
Liz ist in einer Flitterstadt aufgewachsen, ohne sich von ihr
zerstören zu lassen. Sie ist nicht den Weg der Garlands und
Monroes gegangen. Sie ist weder Alkoholikerin noch ein
nervöses Wrack. Sie versteht es, mit dem System fertig zu
werden, von dem sie geformt wurde. Gehorsam, wenn sich
dies auszahlt; als Kämpferin, wenn es notwendig ist. Sie besitzt den richtigen Sinn für Objektivität und Unbeschwert-
heit, um sich durchzubringen.

Ihre Kritiker behaupten natürlich, daß sie zu sehr auf sich
bedacht ist und sich zu stark von allem anderen fernhält; daß
Filme sie langweilen, weil sie es immer viel zu leicht hatte.
Ihr Privatleben ist erfüllt von romantischen Krisen, aber
Karriere-Anstrengungen...? Um Rollen kämpfen, die sie
wirklich zu gern gespielt hätte? Solche Sorgen hat sie nie gehabt. Sie und ihre Mutter bemühten sich einmal wild um die
Rolle in *National Velvet;* wie erzählt wird, soll Liz sich mit
eiserner Willensanstrengung dazu gebracht haben, noch ein
paar Zentimeter zu wachsen, um sich für diese Rolle zu qualifizieren. Aber danach fielen ihr die Rollen (und darunter
einige sehr anspruchsvolle) wie von selbst in den Schoß.

Als Frau hat sie es manchmal nicht ganz leicht gehabt; als
Filmstar war für sie alles ein Kinderspiel. Mit zwölf Jahren
stand sie bereits an der Spitze, und dort ist sie dann auch geblieben, was sie zum größten Teil Metros raffiniertem Ma-
nagement ihrer Karriere zu verdanken hatte. Die Leiter des
Filmstudios besetzten mit Liz nicht immer die interessante-

sten Rollen, aber sie waren stets um etwas Abwechslung bemüht. Geschickt steuerte man sie durch kritische Übergangsphasen. Vom strahlenden kleinen Mädchen im Rührstück von 1944 bis zum trotzigen, eigenwilligen, großen Mädchen in der *soap opera* von 1960 wurde der Taylor von MGM aufmerksame Star-Behandlung zuteil. Sie war das kostbarste Stück... und das hübscheste Mädchen am Drehort. Das Studio bildete sie aus, pflegte sie, gab ihr Unterricht. Liz reagierte als fleißige Schülerin auf dieses Verhätscheln.

Als *tinsel town persona* wurden alle Filme mit ihr in der strengen Tradition von Old Hollywood gedreht. Tiergeschichten, Schulromanzen, rührselige Komödien über Main-Street-Familien, Geschichten aus Frauenzeitschriften, tränenreiche Dramen über häusliche Krisen... der Taylor-Kanon ist kaum stark an Kunst oder Gedankenkonflikten. Selbst wenn viele ihrer Filme beachtliche literarische Vorbilder haben, so rollen doch alle nach populärer Schablone ab: Den Massen werden romantische Fantasien vermittelt. Aber in diesem breiten, populären Bereich hat Elizabeth Taylor selbst für eine Hollywoodkarriere ganz Beachtliches aufzuweisen: *National Velvet, Life With Father, Father of the Bride* (›Vater der Braut‹), *Father's Little Dividend* (›Ein Geschenk des Himmels‹), *A Place in the Sun* (›Ein Platz an der Sonne‹), *Ivanhoe* (›Ivanhoe, der schwarze Ritter‹), *Giant* (›Giganten‹), *Raintree Country* (›Das Land des Regenbaumes‹), *Cat on a Hot Tin Roof* (›Die Katze auf dem heißen Blechdach‹), *Suddenly, Last Summer* (›Plötzlich im letzten Sommer‹), *Who's Afraid of Virginia Woolf?* (›Wer hat Angst vor Virginia Woolf‹), *The Taming of the Shrew* (›Der widerspenstigen Zähmung‹), *Reflections in a Golden Eye* (›Spiegelbild im goldenen Auge‹), *X, Y and Zee* (›X, Y und Zee‹)... das ist eine durchaus respektable Filmliste!

Während des ersten Jahrzehnts ihrer Filmkarriere trat die Taylor in einigen recht mäßigen Stücken auf; geistloses

Zeug für faule Samstagnachmittage. Aber seit *Giant* (›Giganten‹, 1956) ist die Taylor in keinem einzigen seichten Film mehr in Erscheinung getreten. Natürlich hat es auch weniger anspruchsvolle Filme gegeben, aber jedes Projekt hatte doch irgendwie Charme oder Intensität; stets wurde versucht, eine Aussage zu machen oder eine Technik anzuwenden, die das Gewöhnliche übertraf.

Und die Taylor, ob nun einfach als Star oder als *femme fatale internationale,* hat als ehrgeizige Schauspielerin mit Hingabe und zumindest mit einem gewissen Sinn für Stil gearbeitet.

In *A Place in the Sun* (›Ein Platz an der Sonne‹) wird Elizabeth Taylor idealisiert; sie repräsentiert in ihrer frühen Karriere eine Welt des Reichtums und der Schönheit; sie ist charmant, verständnisvoll, empfänglich, einigermaßen intelligent, eine gute Zuhörerin und mitfühlend.

In *Boom!* (›Brandung‹) wird die spätere Elizabeth Taylor travestiert; sie ist eine Parodie auf die Hollywood-Vulgarität; sie läuft mit riesigen, blitzenden Diamanten herum; sie schminkt sich die Lippen grellrot und lackiert die Nägel purpurfarben; sie flucht wie ein Droschkenkutscher.

Aber wie dem auch sei... Elizabeth Taylor ist Hollywoods Symbol eines Filmstars. Sie ist die VIP, die sich in verbarrikadierten Villen alle Welt vom Leib hält.

Als Angela ist sie das Symbol unberührbarer Perfektion. Als Sissy Goforth ist sie das Symbol kosmischer Vulgarität. Als ungeheuer naives, unschuldiges Mädchen oder als gierige Queen Bee of Camp ist sie das privilegierte, arme, kleine, reiche Mädchen, schrecklich einsam, sich nach Anerkennung sehnend, hungernd nach einem Anker der Sicherheit und Herkömmlichkeit in ihrer Welt der oberen Zehntausend.

In ihrem ernsthaften Interesse, eine Frau zu sein, ist sie Hollywoods Gipfel einer weiblichen Frau.

Die Lady ist kein Tramp

Um aus Elizabeth Taylor einen Mythos zu machen, haben Kunst und Leben stets eng zusammengespielt.

Auf der Bühne hat die Taylor als Geliebte oder betrogene Ehefrau oft die Rolle einer Person in einem Dreiecksverhältnis gespielt. Wie wir alle wissen, hat sie im wahren Leben zweimal eine Ehe zerbrochen; hat sie Eddie von Debbie und Richard von Sybil gestohlen. Einmal war sie Witwe, einmal mit einem älteren Mann verheiratet, einmal die Teenager-Ehefrau des begehrtesten Junggesellen der Welt, zweimal mit robusten Typen verheiratet, die ihr den Schutz gaben, den sie ständig brauchte. Man kann also wohl sagen, daß die von der Taylor im Leben gespielten Rollen denen auf der Leinwand in nichts nachstanden. Verheiratet mit Big Business (Nicky Hilton), mit glitzerndem Showbusiness (Mike Todd, Eddie Fisher), mit beschützenden Einwohnern Großbritanniens (Michael Wilding, Richard Burton); üblicherweise hat sich Liz Taylor den Persönlichkeiten ihrer Ehemänner angepaßt. Für Eddie trat sie zum jüdischen Glauben über; für Richard wurde sie zu einer Liebhaberin von Poesie. Weil Mike Todd sie für eine ›großartige, kleine Schauspielerin‹ hielt, begann sie ihre Arbeit ernst zu nehmen.

Das Film-Image hielt mit den Ehen der Taylor Schritt. Die oberflächliche Naive heiratete einen verantwortungslosen Millionärssohn. Nicky Hilton war mehr am Glücksspiel als an seiner neuen, jungen Frau interessiert. (Die Rolle einer untätigen, vernachlässigten Frau ist natürlich ein Hauptelement der Taylor.) Metros teuerster Teenager erzählte Reportern, daß sie Nicky heiratete, »weil wir beide übergroße Pullover, Hamburger mit Zwiebeln und Ezio

Mit Michael Wilding und Sohn Michael Howard, Januar 1953.

Mit Eddie Fisher.   *Rechts: Mit Michael Todd.*

Pinza anbeten«. Nach den sehr kurzen Flitterwochen ver-
kündete eine traurigere, aber klügere junge Dame, daß
»eine Ehe doch mehr, viel mehr ist als ein Cottage mit Ro-
sen, die über den Zaun hängen«. In einer ihrer am meisten
zitierten vertraulichen Mitteilungen gab sie der Presse gegenüber zu, daß »sie den Körper einer Frau und den Geist
eines Kindes hat«.

Die Ehe mit Michael Wilding war wesentlich ernster und nüchterner. Die Taylor spielte bei diesem väterlichen Weltmann die Rolle einer wohlerzogenen jungen Frau. Jedenfalls versuchte sie es. Aber Liz liebte den Spaß viel zu sehr, um lange bei einer so würdevollen Rolle bleiben zu können.

Mike Todd holte aus ihr heraus, was keiner ihrer früheren Ehemänner geschafft hatte. Todds Motto als Produzent lautete: ›Man muß den Kunden eine Fleisch-und-Kartoffel-Show bieten. Damen und Komödie... hohe Damen und niedrige Komödie.‹ Der zappelige, nervöse und auf die Nerven gehende Entrepreneur entdeckte in Liz die Dame. Die ehemalige so ätherische Mrs. Michael Wilding eignete sich einiges von der ungestümen Frechheit ihres neuen Ehemannes an. Die vulgäre Elizabeth Taylor, das Mädchen, das so gern flucht und sich in aller Öffentlichkeit mit ihrem Mann herumstreitet, war geboren.

Nach der hektischen, aufregenden, schnellebigen Zeit mit Todd verlief das Leben mit einem Jazzsänger, der bereits auf dem Weg nach unten war, geradezu langsam. Eddie stellte keine ausreichende Herausforderung dar. Sie, die Taylor, mußte bei dieser Verbindung die Starke sein... und für diese Rolle war sie eine glatte Fehlbesetzung.

Dagegen war Richard genau das, was der Arzt für Elizabeth Taylor verschrieben hatte. Richard war stabil; ein ganzer Mann; geprägt von seiner eigenen Intelligenz und Kultur; ein Schutz gegen die Außenwelt; eine Stütze in der Welt des hektischen Showbusiness.

Es begann mit Prunk und Pomp; aber solange diese Ehe währte, war sie eine Studie in Reichtum und Ehrbarkeit: Maggie, die Katze, bekam ihren Brick; Petruchio zähmte seine Kate.

Zum erstenmal fand Elizabeth Taylor im wahren Leben, wonach sie sich auf der Leinwand stets so gesehnt hatte... einen echten Mann, der sich um sie kümmerte und für sie sorgte. Sie gehörte im Kern ihres Wesens zum Mittelstand;

›There's One Born Every Minute‹ (1942) mit Carl ›Alfalfa‹ Switzer.

sie war die pflichtgetreue Ehefrau, die einfühlsame und besorgte Mutter, die kindisch vernarrte Großmutter, die zwar Spaß liebende, aber im Grunde doch ehrbare Lady des Müßiggangs.

Elizabeth Taylor wurde in London geboren, aber ihre Sensibilität, ihr Temperament und ihr Verhalten sind typisch südkalifornisch. Ihr Vater war Kunsthändler und hatte ein Büro im Beverly Hills Hotel. Ihre Mutter, eine ehemalige Schauspielerin, hegte ehrgeizige Pläne für die Tochter. So wuchs Liz am noblen Rand des Filmgeschäfts auf. Es wird berichtet, daß sich Agenten ihrer Mutter auf der Straße näherten und ihr anboten, die bemerkenswerte Tochter dem richtigen Produzenten vorzustellen. Eine Weile hielt sich Mrs. Taylor zurück; sie hatte das Gefühl, daß Elizabeth noch zu jung war, um schon in die Filmwelt mit all ihrem Streß geworfen zu werden. Aber sehr lange hielt sich Mrs. Taylor dann doch nicht zurück.

Als Mrs. Taylor sich Angeboten von Universal und MGM gegenübersah, entschied sie sich für das kleinere Studio.

»Wir dachten, daß es für Elizabeth besser wäre.«

Aber das kleine Mädchen war ein Versager. Das Studio setzte Liz in einer albernen Komödie mit dem Titel *There's One Born Every Minute* (1942) ein. Sie spielt die jüngste Tochter in einer närrischen Familie, welche die Tasty Pudding Company erbt. Die Kleine singt ein Duett mit Carl ›Alfalfa‹ Switzer von den Our Gang Comedies. Obwohl Liz weder eine Sängerin noch ein weiblicher Lausbub war… genau das spielte sie.

Der Film wurde kein Erfolg.

Wichtiger und bedeutsamer dürfte aber wohl die Tatsache gewesen sein, daß der Regisseur das Kind einfach nicht leiden konnte. »Die Kleine hat nichts. Ihre Augen sind zu alt, sie hat nicht das Gesicht eines Kindes.«

Und doch waren es gerade diese Augen und das kluge Gesicht, was die Taylor zu dem machte, was sie später wurde. Selbst als Zehnjährige strahlte Liz bereits weibliche Klugheit und instinktive weibliche Arglist aus; beides half, aus ihr einen Star zu machen.

Universal hatte sich gründlich verschätzt, als man versuchte, das Kind in einen singenden Studio-Fratz zu verwandeln.

Liz wurde bis zum Ende ihres Vertrages nicht mehr eingesetzt, aber bis dahin war die Bühnen-Mutter Taylor fest entschlossen, der Tochter einen Platz in Hollywood zu sichern. Mit dem heimlichen Einverständnis von Mr. Taylor weckte sie die Aufmerksamkeit von Sam Marx, dem Produzenten von *Lassie Come Home* (›Heimweh‹). Marx war auf der Suche nach einem kleinen Mädchen mit englischem Akzent; es

Elizabeth Taylor als Baby.

›Lassie Come Home‹ – ›Heimweh‹ (1943) mit Nigel Bruce.

sollte in etwa zehn Szenen des eigentlich schon fix und fertig abgedrehten Hundefilms auftreten. Bezaubert von der ›zarten Würde‹ des Taylor-Mädchens baute er Liz in seinen warmherzigen Familienfilm ein.

Diesmal schaffte es Elizabeth! Gewiß, ihre Rolle war sehr bescheiden, aber dieses selbstbewußte, ja sogar ziemlich stattliche kleine englische Mädchen mit dem Gesicht einer Frau zog kritische Aufmerksamkeit auf sich.

MGM nahm von Elizabeth Taylor Notiz… und wir alle wissen ja, wie es weiterging.

Pferde und Hunde

MGM, die Zuckerwatte-Traumfabrik, kümmerte sich gut um Elizabeth Taylor. Man setzte sie sparsam ein und wählte die Rollen sorgfältig aus, damit sich Liz vom strahlenden Kind zur jungen Frau entwickeln konnte. Von *National Velvet* im Jahre 1944 bis zu *The Last Time I Saw Paris* (›Damals in Paris‹) im Jahre 1954 wurde der Taylor die Behandlung eines Stars zuteil. Sie war eine gehorsame Schülerin und hörte sowohl auf die Studiobosse als auch auf ihre wachsame Mutter. Bei den Dreharbeiten pflegte die allgegenwärtige Mutter der Tochter Handzeichen zu geben. Wenn die hohe Taylor-Stimme zu schrill wurde, legte Mrs. Taylor eine Hand auf den Bauch. Wenn Liz ihren Text nicht mit ausreichendem Gefühl sprach, legte die Mutter die Hand aufs Herz. Ein Finger an der Wange bedeutete: ›Mehr lächeln!‹ Ein Finger am Hals bedeutete: ›Du übertreibst!‹ (Als Elizabeth noch eine ungewöhnlich gut entwickelte junge Dame von vierzehn war, sorgte die Mutter auch dafür, daß die Tochter die entsprechende Kleidung trug, um die Rundungen und Kurven noch stärker zu betonen.)

Für die sehr anpassungsfähige junge Schauspielerin wechselten Prestigefilme mit Metro-Schund ab. Einem Film wie *Courage of Lassie* folgte *National Velvet. Cynthia* war der beste Film, den das Studio aufbieten konnte, um seinen Teenage-Star gebührend zur Schau zu stellen. Aber man setzte Liz niemals wahllos ein. Sie bekam die Chance, junge Mädchen unterschiedlichen Typs zu spielen.

In diesen frühen Filmen war Elizabeth Taylor Heilige und Sünderin zugleich; sie war ätherisch, unberührbar und gleichzeitig die lodernde *femme fatale.*

Das Kind mit dem Erwachsenengesicht wirkte zauberhaft, ob es nun eine Puritanerin oder einen Vamp im Anfangsstadium spielte.

In seiner berühmten Kritik über *National Velvet* in *The Nation* sprach James Agee für alle Kritiker, die eine Schwäche für dieses Mädchen hatten, in dessen unmittelbarer Nachbarschaft jeder von ihnen zu gern gelebt hätte: »Wenn ich ganz offen bin«, stellte er seufzend fest, »möchte ich bezweifeln, ob ich dafür qualifiziert bin, eine vernünftige Einschätzung von Miss Elizabeth Taylor abzugeben. Als ich dieses Kind vor zwei, drei Jahren zum erstenmal sah, empfand ich beinahe so etwas wie Primanerschwärmerei. Soweit ich es beurteilen kann, würde ich allerdings nicht gerade behaupten, daß sie als Schauspielerin besonders begabt ist. Sie scheint eher nur das zu tun oder zu lassen, was man ihr sagt. Aber wenn mir eine konservative Feststellung erlaubt ist, dann möchte ich sagen, daß sie hinreißend schön ist... Und da ich glaube, daß es die vordringlichste Aufgabe von Filmen ist, eher perfekte Leute als perfekte Künstler zu finden, so meine ich, daß sowohl Miss Taylor als auch der Film wunderbar sind. Ich weiß kaum, ob sie schauspielern kann oder nicht, aber das kümmert mich angesichts der zuvor getroffenen Feststellung auch herzlich wenig.«

In *Lassie Come Home* (›Heimweh‹), *National Velvet* und *The Courage of Lassie* liebt die junge Elizabeth Taylor Tiere. In ihren anderen Filmen liebt sie Männer. Aber ob nun als Pferdetrainerin oder Hundebesitzerin, ob als vernachlässigte, betrogene Ehefrau oder Geliebte... immer ist sie eine Frau, die ganz darin aufgeht, Liebe zu geben und zu empfangen. Hingabe und treue Ergebenheit für den Gegenstand ihrer Leidenschaft bilden das Zentrum ihres Lebens.

Pferden und Hunden läßt die kleine Liz mit beachtlicher Intensität Liebe angedeihen. Agee schreibt dazu: ›Es ist eine ganz spezifische Art erotischer Empfindsamkeit.‹ Manny Farber schrieb in *The New Republic:* ›Velvets Liebe zu Pferden weicht von der üblichen geschmacklosen Filmstory über

Als Zwölfjährige.

solchen Kindheits-Fanatismus ab; mitunter scheint sie nahezu schmerzhaft echt zu sein. Man überlegt unbehaglich, aus welchen Motiven heraus sie behauptet, daß sie die ›größte Reiterin der Welt‹ sein möchte. Wenn sie auf einem Pferd über Land reitet, scheint sie den Eindruck zu erwekken, als wollte sie vor dem Schlafengehen auch im Bett noch etwas galoppieren. Mir scheint ihre Leidenschaft zu allen Zeiten echter zu sein als die Bernadettes.‹

Die junge Liz, ekstatisch, eine Träumerin mit turbulentem Gefühlsleben, widmet sich dem Siege erringenden Pferd mit der gleichen Hingabe und Intensität, wie sie sich später den Männern widmet.

Wenn man das spätere Image der soliden Mutter vorwegnimmt, so ist Liz als Velvet sowohl heilig als auch reif.

Howard Barnes nannte sie in der Zeitung *New York Herald Tribune* ›ein Kind, das mit der Integrität einer großen Leidenschaft aufleuchtet‹.

Clarence Brown führte mit liebevoller Aufmerksamkeit für das Detail Regie. Der Film, der die Taylor zum Star machte, ist eine Familiengeschichte, die einen ständigen Platz für Kindervorstellungen verdient. Das englische Ansichtskartendorf am Meer, die welligen Hügel, die strohgedeckten Cottages, dazu die einfache, gottesfürchtige Familie… so ist *National Velvet* das Produkt einer vergangenen Ära des Filmemachens. Die Handlung hält sich eng an den beliebten Roman von Enid Bagnold. Der Film ist zum Teil eine Pferdestory, zum Teil ein Familienporträt. Szenen mit Pferdetraining und Reiten wechseln mit anheimelnden Familienszenen ab. Da ist die junge Liebe; da sind aber auch die ermahnenden Predigten von Mom über die Tugenden Mut und Ausdauer.

Die Browns sind eine noble Version des rustikalen Hollywood. Die Familie wird durch ernste Arbeitsmoral gekennzeichnet. Sie führt ein ruhiges, beispielhaftes Leben. Mrs. Brown (Anne Revere) besitzt die ausgesprochene Klugheit der einfachen Leute. Sie ist ein Symbol für gesun-

›National Velvet‹ (1944); als Velvet Brown.

den Menschenverstand und Fairplay. Deshalb hütet sie sich
auch davor, die hysterische Energie ihrer Tochter, dieser
Pferdenärrin, zu unterdrücken. Sie läßt dem Mädchen seinen Traum.

Zuschauer und Kritiker liebten Liz.

›Ihr lebhaftes Gesicht strahlt jugendliches Temperament
aus‹, schrieb Bosley Crowther in *The New York Times.* ›Ihre
Stimme hat den weichen Klang eines Liebesliedes. Ihr ganzes Benehmen ist von erfrischender Anmut.‹

In späteren Jahren waren die Kritiker nicht immer so sehr von Elizabeth entzückt.

Die Taylor wuchs zu schnell heran. So war ihre Zeit als Kinderstar auch nur sehr kurz. Um genau zu sein, Velvet Brown war eigentlich ihre einzige größere Rolle als Kinderstar.

Zwischen Lassie und der Pferdestory gab es ein paar kleine Auftritte in *Jane Eyre* (1944). Für diesen Film wurde Elizabeth Taylor an Fox ausgeliehen. 1944 hatte Liz auch noch eine Rolle in *White Cliffs of Dover*.

In *Jane Eyre* spielte Liz eine Heilige; sie ist die Trösterin der jungen Jane in Lockwood, dem Dickensschen Waisenhaus. Im anderen Film umwirbt sie als kleines Mädchen den

›National Velvet‹ (1944) mit Anne Revere und Mickey Rooney.

›*National Velvet*‹ (1944) mit Anne Revere.

Sohn der Heldin; damit ist sie die kindliche Version der Taylor-Naiven.

In *Jane Eyre* ist sie ein zartes, apartes Kind, das die strengen Vorschriften bricht, um dem Freund im Arrest etwas
Essen zu bringen. Die junge Taylor wird eingesetzt und dazu
benutzt, den Geist von Barmherzigkeit und Güte zu vermit-
teln. Sie warnt Jane davor, nicht schlecht über andere zu reden, ganz gleich, was einem von anderen angetan wurde.
Aber selbst hier, in dieser Rolle kindlicher Reinheit, schim-
mert bereits – wenn auch sicher noch unbewußt – die zukünftige Sirene durch. Ihr lose wehendes Haar ärgert und
reizt den Anstaltsleiter. Schließlich wird sie im Regen ausge-
sperrt. Die zerbrechliche, wie aus einer anderen Welt wir-
kende Helen stirbt, während sie Jane in den Armen hält. Es
ist eine reizende Darstellung; sentimental, ohne kitschig zu
sein... ein strahlendes Kind als Heilige auf Erden.

›The White Cliffs of Dover‹ (1944) mit Roddy McDowall.

Nach *National Velvet* hatte MGM nur noch ein einziges Projekt für den neuen Star. Der Film hatte den Titel *The Courage of Lassie* (1946). Der Hund spielt zwar die Hauptrolle, aber Liz als seine Herrin hat viel zu weinen und zu umarmen. Sie vergöttert den Hund. Es handelt sich auch wieder um eine Art Familiensaga. Gedreht wurde im Nordwesten der USA. Der Film beginnt mit einer langen, seltsamen Naturaufnahme. Die Handlung ist eine Mischung aus Familienleben von Farmersleuten und einer merkwürdigen Hundestory. Lassie kommt auf eine Ausbildungsschule für Kriegshunde. Dann wird er an die Front geschickt, wo er Heldentaten vollbringt. Nach Amerika zurückgekehrt, er-

›Jane Eyre‹ – ›Die Waise von Lowood‹ (1944) mit Eily Malyon, Henry Daniell und Peggy Ann Garner.

›Courage of Lassie‹ (1946) mit Lassie und Frank Morgan.
Rechts: ›Courage of Lassie‹ (1946) mit Lassie.

leidet der Hund einen Nervenzusammenbruch und wird zu
einer Gefahr für die Gesellschaft. Im letzten Akt wird er jedoch von seiner liebevollen Herrin gebessert und gezähmt.
Lassie wird nicht nur voll und ganz rehabilitiert, er wird sogar zum Kriegshelden erklärt.

Es ist also die Story über einen vom Trommelfeuer zermürbten Kriegsveteranen in Gestalt eines Hundes. Diese Einbildung ist natürlich absurd. Zuschauer protestierten auch gegen die Ausbeutung eines so ernsten Themas. Aber als bereitwillige Farmerstochter, die erst einen Hund findet, ihn dann wieder verliert und ihn am Schluß wiederbekommt, ist Liz wieder einmal das überreizte, ekstatische Kind, das all seine Liebe und Aufmerksamkeit auf Lassie konzentriert. Wie Agee feststellte, kann Liz innerhalb von Sekunden verschiedene Grade fieberhafter Aufregung darstellen. Ihre großen Momente sind zwei Szenen. Bei der ersten Szene handelt es sich um einen tränenreichen Auftritt vor Gericht; Liz fleht den Richter inständig an, ihr doch den Hund zurückzugeben. Dann ist da noch die Schlußszene; Lassie kehrt zurück, und Liz bricht in einen Strom von Freudentränen aus.

Weil Elizabeth Taylor erst als junge Frau zu größtem Ruhm gelangte, vergessen die meisten Leute, was für eine geschickte Kinderschauspielerin sie war.

In diesen frühen Rollen war die Taylor noch nicht so stark wie später von ihrer Schönheit und von ihrem Ruhm belastet. Sie gab sich vielmehr noch zaghaft und natürlich; mitunter benahm sie sich verlegen, ja sogar verschämt.

Von allen späteren Belastungen noch vollkommen unberührt, enthüllt sie in diesen Tierfilmen ihr natürliches Flair für Tränen und leidenschaftliche Umarmungen... also für die Handlungen einer sehr gefühlsbetonten Frau.

Puppy Love

Nach *The Courage of Lassie* machte Liz eine schwierige Übergangsphase vom Kind zum Teenager durch. Nur wenigen Kinderdarstellern ist es gelungen, diese Periode erfolgreich zu überbrücken. MGM behielt Elizabeth Taylor wohlweislich unter Obhut. Sie besuchte die Studioschule. Die Publicity-Abteilung riet zu einer Serie von *gimmicks,* um den Namen Taylor beim Publikum nicht in Vergessenheit geraten zu lassen. Das Studio gab ihr das Pferd, das sie in *National Velvet* zum Sieg geritten hatte. Sie schrieb ein Buch unter dem Titel *Nibbles and Me;* es handelt von ihrem zahmen Eichhörnchen. Sie verkaufte ein Bild, das sie gemalt hatte. An ihrem vierzehnten Geburtstag bekam sie ihr eigenes Auto. Zwar erschien sie nicht mehr auf der Leinwand, aber sie blieb in Sichtweite des Publikums.

Elizabeth Taylor reifte von einem vergeistigten Kind zu einem kurvenreichen Teenager heran. Mit fünfzehn war sie darauf vorbereitet, ihre Karriere als *femme fatale* zu beginnen.

Obwohl sie niemals so richtig fortgewesen war, kehrte sie in einem Taylor-Vehikel zurück: *Cynthia* (1947). Kein Pferd, kein Hund, sondern Elizabeth Taylor war der Star. Der Film entstand unter der erfahrenen Regie von Robert Z. Leonard. Da es ein ziemlich unbedeutender Film war, erinnert sich heute kaum noch jemand daran. Aber er lieferte ein nettes, weiches Kissen zwischen Tieren und Boys; zwischen der prä-erotischen und vollentwickelten romantischen Liz.

Der Film basiert auf einem albernen Stück: *The Rich Full Life*. Das Drehbuch schrieb eine resolute, altmodische Autorin namens Viña Delmar.

Cynthia ist die Geschichte eines Mädchens, das von seinen Eltern tyrannisiert wird; sie glauben, daß ihre Tochter zu

›Cynthia‹ (1947) mit S. Z. Sakall.

zart ist für ihresgleichen in der Welt. So wird Cynthia in einer Umgebung gehalten, die an eine Glasmenagerie erinnert. Sie wird verhätschelt und verwöhnt. Cynthia wird nicht
gestattet, auf normale Art und Weise erwachsen zu werden.
Aber mit Hilfe einer Mutter (Mary Astor), die zum Nachgeben bereit ist, und eines Musiklehrers (S.Z.Sakall), der sie
für eine Prinzessin hält, gelingt es Cynthia, an einem College-Ball teilzunehmen. Und sie übersteht es!
  Wie in *Jane Eyre* spielt die Taylor auch in *Cynthia* eine
unnahbare Schönheit. Die Rolle weist keinerlei Ähnlichkeit
mit Elizabeth Taylor in ihrer späteren Zankteufel-Phase

›Cynthia‹ (1947) mit Mary Astor und George Murphy.

auf, aber sie beutet ungemein wirksam ihr früheres Image
als junges Mädchen aus, das von anderen Kindern fernge-
halten wird.

Die Rolle der Cynthia vervollständigte damals die Tay-
lor-Publicity. Weil sie eine berühmte Schauspielerin war,
wurde die junge Liz von ihren Altersgenossinnen getrennt.
Andere Teenager hatten entweder Angst vor ihr oder waren
eifersüchtig auf sie. Wenn man dem *Photoplay*-Klatsch jener Zeit glauben darf, dann hatte Elizabeth große Schwierigkeiten, überhaupt einmal eine Verabredung zu treffen.

Die Rolle der Cynthia zapft die süße, unschuldige Seite

›A Date with Judy‹ – ›Wirbel um Judy‹ (1948) mit Jane Powell.

von Liz an. Mit ihrer präzisen Aussprache und ihrem gehorsamen Benehmen wirkt sie wie das besterzogene kleine Mädchen der Klasse, aber ihre Darstellung hat auch so etwas wie ernsten Charme. Der Film-Slogan lautete: *Her First Kiss!* Aber die Romanze der Taylor mit Jimmy Lydon (der auch in *Life With Father* ihr Herzensschwarm ist) ist ganz entschieden prä-erotisch. In dieser Rolle ist Liz eher lieb und süß als sexy.

Wie viele der frühen Taylor-Filme weist auch *Cynthia* den Zuckergußgeschmack eines Booth-Tarkington-Romans auf. Bosley Crowther mokierte sich: ›Ein synthetischer

Happen… direkt aus der Metro-Zuckerdose!‹ Der Film ist amerikanische Hausmannskost; es gibt viel Kamingeplauder mit Mummy sowie eine klare Unterscheidung zwischen hochnäsigen, reichen Verwandten und den armen, anständigen Leuten. Als Cynthia spielt die Taylor in ihrer Karriere ausnahmsweise auch einmal ein armes Mädchen, was sie nicht sehr oft getan hat.

In der letzten Szene gibt Liz als Cynthia ihre Unabhängigkeitserklärung ab: Sie stürmt ins Wohnzimmer und zerstreut

›A Date with Judy‹ – ›Wirbel um Judy‹ (1948) mit Leon Ames.

die Befürchtungen ihrer Eltern, daß es der Tochter schaden könnte, in einer regnerischen Nacht zu einem College-Ball zu gehen. Cynthia sprüht förmlich vor Energie und ist nun auf dem besten Weg, ein ganz normaler Teenager zu werden. Cynthia (und der Filmstar Liz)… beide sind nun vollkommen erwachsen und zum selbständigen Handeln bereit.

Der Film *A Date With Judy* (›Wirbel um Judy‹, 1948) schildert noch einmal einen Abschnitt des Teenage-Lebens, aber Liz ist bereits vollauf an der Welt der Männer interessiert, die sie für den Rest ihrer Karriere beschäftigen werden. Diesmal ist sie das arme, kleine, reiche Mädchen; hochnäsig und für Kummer wie geschaffen, weil sie ein Vaterproblem hat. Wie so viele Männer, mit denen Liz es in Zukunft noch zu tun bekommen sollte, konzentrierte Daddy seine Aufmerksamkeit nicht auf die Tochter, sondern fast ausschließlich darauf, Geld zu verdienen.

Da sie zu Hause unglücklich ist, stiftet sie außerhalb allerhand Ärger an. Sie gibt der naiven Jane Powell schlechte Ratschläge, wie man mit Jungen umzugehen hat. Sie stiehlt Jane sogar einen ihrer Freunde.

Die Taylor ist hier eine wahre Prä-Lolita; ein Teenager-Sexkätzchen im Stil der vierziger Jahre. Es ist die erste Version des Taylor-Rackers, und selbst für ein Mädchen auf einer Kleinstadt-High-School erscheint sie sehr aufgeklärt, auch wenn sie reich ist.

A Date With Judy (›Wirbel um Judy‹) ist ein durch und durch gutartiges Musical, antiseptisch und heiter, absichtlich anspruchslos und für nicht allzu helle Teenager gedacht. Dieser alte MGM-Streifen läßt Hollywoods Auffassung vom High-School-Leben in den vierziger Jahren erkennen. *The New York Times* bezeichnete den Film als ›akzeptable Sommer-Unterhaltung‹, die ›offenbar der unumstößlichen Kinoregel folgt, daß alle amerikanischen Heranwachsenden grundsätzlich nobel in ihren Absichten sind, aber von Blödsinn gehemmt werden‹.

Dieser Film ist genau wie *Cynthia* sehr klassenbewußt; er

›Life with Father‹ (1947) mit William Powell und ZaSu Pitts.

zeigt den Kontrast zwischen Elizabeth Taylors kaltem Klima der Oberschicht und Jane Powells gemütlichem, aber ganz entschieden tieferstehendem Mittelklasseheim. Liz ist wieder einmal das reiche, verwöhnte und isolierte Mädchen. Sie ist ein gutes Kind, das lediglich etwas mehr Liebe und Aufmerksamkeit braucht. Am Ende versteht sie sich wieder mit ihrer besten Freundin Judy, ihrem Vater und Robert Stack, dem Burschen, den sie für sich gewinnt.

Zwar war die Taylor in diesem Film nicht der Star, aber sie erhielt ausgezeichnete Kritiken. Sie hatte mehr Präsenz als sonst jemand in diesem Film. Diese Rolle gestattete ihr endlich auch einmal, ihren Sex auszuspielen; daß sie ihn hatte, wußte jeder, der sie im Film *National Velvet* auf dem Pferd hatte reiten sehen.

Otis Guernsey schrieb in der *New York Herald Tribune:* ›Der Star von *National Velvet*… wurde von Metros Zauberstab berührt und in eine echte, vierzehnkarätige, hundertprozentige Sirene verwandelt, der sich eine ganz neue Karriere eröffnet.‹

Liz war auch ein Liebling der Zuschauer; von Juni bis November erhielt sie 1065 Einladungen zu College-Bällen.

Von *Cynthia* im Jahre 1947 bis *Conspirator* (›Verschwörer‹) im Jahre 1950 hatte Elizabeth Taylor keine Hauptrollen, aber MGM setzte sie sehr vernünftig ein und gab ihr Rollen, die ihr gestatteten, allmählich zu wachsen. Im Jahre 1947 wurde sie für den Film *Life With Father* an Warner Brothers ausgeliehen. In diesem Film spielt sie wieder eine Königin der *puppy love.* Als Kusine vom Lande besucht sie die Großstadt und ist davon sehr beeindruckt. Sie flirtet mit dem ältesten Day-Boy, macht ihm verliebte Augen, verlangt Aufmerksamkeit und beteiligt sich an amourösen Abenteuern; alles auf die Taylor-typische Art einer *jeune cocotte.* Keß, dreist, unverschämt, leicht zu Tränen gerührt… so ist sie in diesem Film wirklich zauberhaft. Doch auch hier hat sie Schwierigkeiten mit Männern. Clarence ist für sie bei weitem nicht demonstrativ genug; er verspricht nicht, ihr als *erster* zu schreiben. (Nach Ansicht eines anständigen jungen Mädchens muß der Mann zuerst schreiben und seine unsterbliche Liebe erklären.)

1948 war Elizabeth Taylor für eine Erwachsenen-Romanze bereit. In *Julia Misbehaves* (›Julia benimmt sich schlecht‹) bekommt sie von Peter Lawford ihren ersten ernsthaften Leinwandkuß. Ihre Liebesszenen überzeugten MGM davon, daß Elizabeth Taylor, diese reife Sechzehnjährige, in Zukunft auch Erwachsenenrollen spielen konnte.

Aber Elizabeth Taylors Liebesbeziehungen waren von untergeordneter Bedeutung. In erster Linie wurde dieser Film gedreht, um Greer Garson Gelegenheit zu geben, auch einmal zu beweisen, daß Metros anmutige, Tee servierende Lady auch lustig sein konnte.

Julia, die sich so schlecht benimmt, ist Mitglied einer Zirkustruppe. In dieser Rolle versuchte die Garson, die Tatsache auszuradieren, daß sie jemals Mrs. Miniver gespielt hatte.

Bosley Crowther schrieb in *The New York Times:* ›Eine fantastische Radau-Farce, die Miss Garson in einer Badewanne entdeckt und in einem Schmutztümpel zurückläßt!‹

Die Taylor spielte die dekorative Naive, die am Ende davor bewahrt wird, den falschen Mann zu heiraten. An sich

›Julia Misbehaves‹ – ›Julia benimmt sich schlecht‹ (1948) mit Greer Garson und Peter Lawford.

hatte sie weiter nichts zu tun, als hübsch auszusehen. Zum erstenmal schien sie ein raffiniert aufgemachtes Film-Starlet zu sein – und weiter nichts.

Aber in ihrem nächsten Film *Little Women* (›Kleine tapfere Jo‹, 1949) bekam sie ihre Chance, echt Komödie zu spielen. Als selbstsüchtige, oberflächliche, flatterhafte Amy, die liebend gern ißt und große Worte vollkommen falsch gebraucht, ist sie eine wahre Augenweide.

Kritiker und Zuschauer waren voreingenommen und hielten die Version von Mervyn LeRoy dem 1936 gedrehten George-Cukor-Film für weit unterlegen, aber die spätere Version hat dem berühmten Original gegenüber einen ganz entschiedenen Vorteil: Liz zeigt in der Rolle als Amy March wesentlich mehr Temperament als damals Joan Bennett. Obwohl Elizabeth Taylor ganz offenbar ein besonderes Flair für scharfzüngigen Text und witzige Antworten hatte, wurde sie von MGM nicht mehr in Lustspielfilmen eingesetzt. Mit Herzensaffären beschäftigt und dadurch sehr stark abgelenkt, wurde Liz in den frühen fünfziger Jahren zur regierenden jungen tragischen Schauspielerin. Man gab ihr eine Reihe seelenvoller Rollen. Deshalb war ihre Amy eine herzerfrischende Erholung; der Prototyp der leichtherzigen verliebten Frau, die das Hauptelement der bevorstehenden Naiven-Phase der Schauspielerin werden sollte.

Liz spielt eine alberne Rolle, der sie jedoch viel Feuer verleiht. Vor uns ausgebreitet werden prächtig bunte Ansichtskarten aus Pappmaché. Aber diese zweite Version von *Little Women* (›Kleine tapfere Jo‹) ist durchaus respektabel. Sie enthält alle erforderlichen Bestandteile einer Komödie und eines zu Herzen gehenden Rührstückes. Margaret O'Brien leidet nobel; Janet Leigh lächelt süß; June Allyson gibt sich weidlich Mühe. Was könnte man von Louisa May Alcotts Roman, dem ein solcher Dauererfolg beschieden war, noch mehr verlangen?

Little Women (›Kleine tapfere Jo‹) markiert das Ende von Elizabeth Taylors Kind-Frau-Phase. Teils kichernder Teen-

›Little Women‹ – ›Kleine tapfere Jo‹ (1949) mit Margaret O'Brien, Janet Leigh und June Allyson.

ager, oberflächliches Mädchen, dessen Ausblick auf das Leben vom Standpunkt einer viktorianischen Romanze erfolgt, zum Teil aber auch schon eine junge, eifrig flirtende Dame, zwar noch verspielt, aber doch schon darauf aus, Laurie der älteren Schwester Jo zu stehlen . . . so betrachtet, stellt ihre Amy eine erfreuliche Mischung aus Taylor-Unschuld und Taylor-Racker dar.

51

Der falsche Mann

1950 spielte Elizabeth Taylor ihre erste Erwachsenenrolle.
Zum erstenmal seit *Cynthia* war Liz Königin ihres eigenen
Harems.

Conspirator (›Verschwörer‹) war dafür vorgesehen, die
Taylor vom jungen Mädchen zur Frau zu führen. Dies sollte
auf die gleiche Weise geschehen, wie man sie in *Cynthia* vom
Kind zum jungen Mädchen geführt hatte.

Am Anfang des Films ist Liz eine amerikanische Debütantin in London. Sie macht sich Sorgen, ob sie bei einem
Ball zum Tanz aufgefordert wird. Deshalb verbringt sie viel
Zeit mit ausgiebigen Einkaufsbummeln. Die junge Dame,
die sie jetzt darzustellen hat, ist wieder einmal eine Person,
die nicht viel zu bieten hat. Sie ist oberflächlich, flatterhaft,
sorglos, unbekümmert… und doch schon auf raffinierte, ja
arglistige Art verführerisch. Am Anfang des Films gibt es
eine ganz besonders charmante Szene: Um ihre Angst vor
der Dunkelheit zu überspielen, plappert sie dumm und sehr
lange daher. Das Anliegen des Films ist es, Liz von einer ge-
dankenlosen, leichtfertigen Debütantin in eine zwar hart ge-
troffene, aber nun doch erfahrene junge Frau zu verwandeln. Diese Veränderung wird natürlich durch ihre Beziehungen zu einem Mann bewirkt. Nach einer wahren Wir-
belwind-Werbung heiratet sie einen stattlichen, älteren
Mann; dieser Soldat ist die Antwort auf ihre Jungmädchen-
vorstellungen von Liebe und Romantik. Mit dem für die
Taylor schon typischen Glück stellt sich dann heraus, daß ihr
Ehemann ein Spion der Russen ist. Als sie schließlich sein
Doppelleben entdeckt, beschließt sie, ihn anzuzeigen und
dem Gesetz auszuliefern.

Auf seine einfache, schlichte Art soll der Film *Conspirator*

›Conspirator‹ – ›Verschwörer‹ (1950); als Melinda Greyton.

(›Verschwörer‹) eine Botschaft kundtun. Zur Abwechslung ist die Taylor einmal die *raisonneuse;* sie drückt ihren Unwillen über das Doppelspiel ihres Mannes aus und drängt ihn dazu, dem Vaterland gegenüber loyal zu sein, was ja auch seine Verdienste hat. Liz ist Patriotin. Zwar sagt sie, daß sie nicht viel von Politik versteht, aber sie kann instinktiv Recht von Unrecht unterscheiden. Deshalb weiß sie, daß es Unrecht ist, was ihr Mann treibt.

Conspirator (›Verschwörer‹) war aber nicht nur ein Vehikel für die ›alternde‹ Liz, sondern muß auch noch unter einem anderen Aspekt gesehen werden. Er war Hollywoods Reaktion auf die Anfang der 50er Jahre in den USA grassierende Furcht vor dem Kommunismus. Der Film sollte eine ernste Warnung darstellen und jedem sagen, daß alle Kommunismus-Sympathisanten unglücklich enden. (Der Ehemann, dargestellt von Robert Taylor, tötet sich selbst, weil er verhängnisvoll zwischen Liebe und Pflicht hin- und hergerissen wird.) 1950 konnte man sich in Hollywood einen Kommunisten unmöglich vorstellen. So mußte ein Automat die Roboterrolle übernehmen; Robert Taylor war in dieser Rolle ein bemerkenswert langweiliger Schauspieler.

Als Sturmwarnung oder politische Aussage in den 50er Jahren war *Conspirator* (›Verschwörer‹) naiv. Aber als Vehikel für den Übergang der Taylor vom Mädchen zur Frau erfüllte der Film seine Aufgabe.

Conspirator (›Verschwörer‹) markierte aber auch den Beginn der schmeichelhaftesten Phase der Taylor.

Von 1950 bis 1954 setzte für Elisabeth Taylor die reifste Periode ihrer jungen Weiblichkeit ein.

MGM öffnete ihr endlich die Schleusen und beutete nun das hübscheste Mädchen im Studio auf eine Weise aus, wie man es in den 40er Jahren niemals getan hatte. Als vollentwickelte Naive trat die Taylor innerhalb von fünf Jahren in

›Conspirator‹ – ›Verschwörer‹ (1950) mit Robert Taylor.

zwölf Filmen auf, wobei es keinen großen Unterschied machte, ob es sich um seichte Unterhaltungsfilme oder Prestigestreifen drehte. *Conspirator* (›Verschwörer‹) und *The Big Hangover* entstanden zur gleichen Zeit wie *A Place in the Sun* (›Ein Platz an der Sonne‹); auf billigen Unsinn wie *Love Is Better Than Ever* folgte klassischer Kitsch wie *Father of the Bride* (›Vater der Braut‹).

In den meisten dieser Filme repräsentierte Elizabeth Taylor die amerikanische Reiche; Daddy's Girl, das einfach alles hatte. Aber da sie nicht unbedingt das bekam, was sie zu gern haben wollte, war sie nur selten glücklich.

Während dieser Periode spielte sie zwei besonders typische Rollen: die amerikanische Prinzessin in George Stevens' *A Place in the Sun* (›Ein Platz an der Sonne‹, 1951) und die auf großem Fuß lebende Ausgebürgerte in *The Last Time I Saw Paris* (›Damals in Paris‹, 1954). In dem einen Film verliert sie ihren Mann und im anderen ihr Leben. Reich und beneidet, geschützt und privilegiert... und doch ist sie eine leicht verletzliche, unerfüllte Frau.

In den Filmen dieser Zwischenperiode gab es auch schon Anzeichen und Hinweise auf die scharfzüngige Keiferin, die ein Jahrzehnt später folgen sollte. Aber in all diesen Filmen ist sie eine charmante Schauspielerin; eine wohlausgebildete junge Dame; eine Debütantin, die sich anschickt, die Welt ihrer Altersgenossen zu betreten und sich an deren Wohltätigkeits- und Gala-Bällen zu beteiligen.

In den 50er Jahren glitt die Taylor wie ein Schwan durch eine Welt, die von silbernem Kaffeegeschirr und von diskreter Dienerschaft, von Gartenpartys und Wochenendausflügen aufs Land geprägt war.

Die Taylor-Rollen im Stevens-Film und in *The Last Time I Saw Paris* (›Damals in Paris‹) wurden allgemein als ihre ersten schauspielerischen Leistungen betrachtet. Ihre Darstellung in *A Place in the Sun* (›Ein Platz an der Sonne‹) ist von einer Qualität, die bei weitem alles übertrifft, was sie bis dahin getan hatte. Man muß also wohl Stevens bescheinigen,

›A Place in the Sun‹ – ›Ein Platz an der Sonne‹ (1951) mit Montgomery Clift und Shepperd Strudwick.

daß seine straffe Zügelführung so etwas wie ein kleines Wunder vollbracht hatte. Aber niemand, der die Taylor in *Little Women* (›Kleine tapfere Jo‹), *A Date With Judy* (›Wirbel um Judy‹), *National Velvet* oder *Courage of Lassie* gesehen hat, wird ernsthaft behaupten wollen oder können, daß Liz im Stevens-Film ihre erste schauspielerische Leistung gezeigt hat.

57

Elizabeth Taylor spielt ihre Rolle als gute, dunkle Heroine gegen die Rolle von Shelly Winters als schlechte, blonde Heroine aus. Die Winters ist das unterdrückte, geplagte Arbeitermädchen, während die Taylor den Geist der Schönheit und Romantik repräsentiert. In einem ihrer besten Momente beschreibt Liz mit leiser, beinahe nur gehauchter Stimme die Schönheit des Sees, wie er in der ländlichen Umgebung aus dem frühen Morgennebel auftaucht. Damit zapfte Stevens eine Sensitivität an, die bei der Taylor seit *Jane Eyre* nicht mehr benutzt worden war. Und in dieser Szene kommt Elizabeth Taylors Schönheit von innen.

Der Film wurde nach Theodore Dreisers Buch *An American Tragedy* (›Eine amerikanische Tragödie‹) gedreht. Natürlich ist der Film nur eine reduzierte Zusammenfassung des umfangreichen Buches; das geht schon aus dem abgeänderten Titel hervor. Der Film mildert die scharfe soziale Anklage des Originals. Die im Film dargestellten Geschehnisse in George Eastmans Lebensgeschichte würden Dreisers grandiosen Buchtitel niemals rechtfertigen. Der Film erzählt die Geschichte eines anständigen Mannes, der in den uralten Konflikt zwischen Liebe und Ehre verwickelt wird. Angezogen von der Welt des Superreichtums, der geradezu quälend in greifbare Reichweite rückt, wird der Mann von den Ansprüchen der Armut zurückgehalten. Seine Geschichte, wie sie hier erzählt wird, ist wohl eher ein romantischer Triangel als eine amerikanische Tragödie.

In der Tat... *A Place in the Sun* (›Ein Platz an der Sonne‹) ist einer der besten Triangel-Filme der Taylor.

Montgomery Clift, der Mann in der Mitte, ist von Liz geblendet und wird von Shelly Winters verfolgt. Die Winters hatte die aufwendigere Rolle, die auch wesentlich mehr hergab, aber die Taylor spielte ungemein effektiv, was sie sein sollte... nämlich das Mädchen, von dem jeder Mann träumt.

›A Place in the Sun‹ – ›Ein Platz an der Sonne‹ (1951) mit Montgomery Clift.

Der andere Prestigefilm mit der Taylor war nicht so erfolgreich.

Die Handlung von *The Last Time I Saw Paris* (›Damals in Paris‹) basiert auf der Kurzgeschichte *Babylon Revisited* von F. Scott Fitzgerald. Im Film wird die Sensibilität des Autors aber sehr stark herabgemindert, so daß nicht viel mehr als das Pathos einer *soap opera* dabei herauskommt.

Bosley Crowther schrieb in der *Times:* »Die weiche Seife wird glatt aufgeschmiert!« Er fügte hinzu: »Und diese alte Melodie von Jerome Kern wird so beharrlich gespielt, daß sie das Herz des Publikums in Zahnpasta verwandeln könnte!«

Der Film wird also in keiner Weise dem Geist des Originalstoffes gerecht.

Der erste schwerwiegende Fehler bestand aber vor allem darin, daß die Handlung aus der Ära der zwanziger Jahre in die Zeit nach dem Zweiten Weltkrieg verlegt wurde. Die Umgebung des Jazz-Zeitalters, wie sie in der Originalstory geschildert wird, und die Mystik des Paris in den zwanziger Jahren, diese beiden Hauptmerkmale von Fitzgeralds Sensibilität, fehlen im Film vollkommen.

Aber noch mehr Schaden als durch den Wechsel der Ära wurde durch den Versuch angerichtet, die agierenden Chraktere auszuweiten, deren Motivationen in der Kurzgeschichte nur schwach skizziert sind.

Van Johnson spielt ganz zweifelsohne eine Variante des berühmten Autors. Elizabeth Taylor bietet nur eine arg verwässerte Version der Zelda. Das Script macht Anleihen bei der Legende von Scotty und Zelda, dem verzweifelten Paar, das wie wild durch eine Stadt in der aufgeklärten Alten Welt wirbelt. Aber die beiden stecken sich auf fatale Weise gegenseitig an; er ist auf Selbstzerstörung aus, sie ist träge und instabil. Gerade das aber kommt im Film kaum zum Tragen. Eine komplexe, mythische Fehlverbindung wird hier mit dem Glanz eines Frauenmagazins behandelt. Der Film und auch die Darsteller bringen die Charaktere nicht von Punkt A nach Punkt B. Warum vertauschen zum Beispiel Ehemann und Ehefrau die Rollen? Warum wandelt sie sich von einem Partygirl zu einer ernsthaften Ehefrau, die wieder nach Hause, nach Amerika, zurückkehren möchte? Warum sackt er von einem ernsthaften Schriftsteller zu einem enttäuschten Trunkenbold ab, so daß ihm der ›große

›The Last Time I Saw Paris‹ – ›Damals in Paris‹ (1954) mit Roger Moore und Van Johnson.

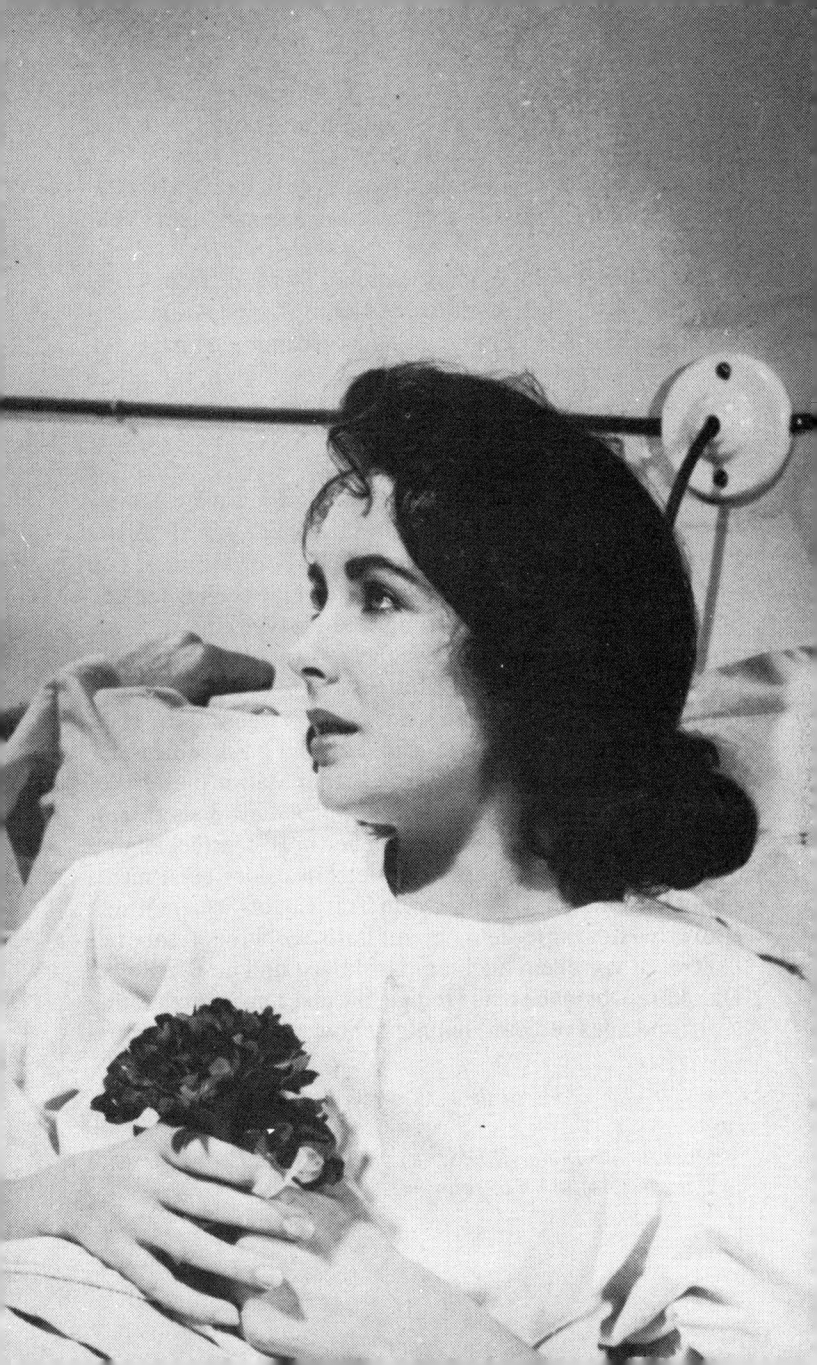

Roman‹ auf geradezu wahnwitzige Weise immer wieder ent-
flieht und sich von ihm nicht greifen und gestalten lassen
will?

Der Charakterwandel (sie steigt auf, er steigt ab) vollzieht
sich ganz einfach nur deswegen, weil es nun mal so im Drehbuch steht.

Van Johnson fehlt es an mythischer Statur oder an Tiefe,
so daß er nichts anderes darstellen kann als eine Armeleute-
version des großen, zum Untergang verdammten Fitzgerald.

Liz war damals noch zu jung und unerfahren, um schon
eine erzneurotische, zum Teil verruchte Verführerin, zum
Teil aber auch einen dienenden Engel verkörpern zu können.

Die Rolle war eine Zusammenfassung der Taylor-Naiven
in all ihrer Unschuld und Harmlosigkeit; das flirtende,
leichtfertige Ding, das der älteren Schwester raffiniert den
Mann stiehlt; die verwöhnte Tochter eines schnellebigen
Schwindlers; das verantwortungslose Partygirl mit dem guten Herzen unter dem oberflächlichen Äußeren; die ernste,
nüchterne junge Frau und Mutter; die trotzige Ehebreche-
rin; das zerbrechliche Wesen, das von Naturgewalten gefällt
wird (sie holt sich in einer feuchten Pariser Nacht eine tödli-
che Lungenentzündung). Aber auf jeder Station dieses Weges ist sie zu Hause, nur kommt ihre Rolle nicht als zusam-
menhängendes Ganzes, sondern eher in Bruchstücken und
Teilen heraus. Und so fügt sich letzten Endes eben nichts
richtig zusammen. Das mag zum Teil Taylor-Schalheit sein
(Beverly Hills hatte sie nicht auf Paris vorbereitet), aber es
liegt wohl vor allem auch am Drehbuch und an der Regie.
Diese Frau, beinahe eine Heilige, die an Lungenentzündung
stirbt und alles verzeiht, hat nur sehr wenig mit dem tempe-

*Rechts: ›Father of the Bride‹ – ›Vater der Braut‹ (1950) mit Don
Taylor.*

*Vorhergehende Doppelseite: ›The Last Time I Saw Paris‹ – ›Damals
in Paris‹ (1954) mit Van Johnson.*

ramentvollen Mädchen gemeinsam, das im Non-Stop-Fieber Partys besucht und der Schwester den Mann stiehlt.

Die anderen Rollen während der Periode zwischen *Conspirator* (›Verschwörer‹) und *The Last Time I Saw Paris* (›Damals in Paris‹) stellten geringere Herausforderungen dar. Aber fast alle waren freundlich und angenehm. Die besten Filme dieser Periode sind die beiden unbeschwerten Komödien unter der Regie von Vincente Minnelli: *Father of the Bride* (›Vater der Braut‹, 1950) und *Father's Little Dividend* (›Ein Geschenk des Himmels‹, 1951). Wie viele Taylor-Filme sind sie schöne Beispiele für Hollywood Americana.

Father of the Bride (›Vater der Braut‹) ist ein unbedeutender Klassiker in unbedeutender Tradition; der Film verbindet die späten 40er mit den frühen 50er Jahren und war eine Art Vorläufer der TV-Serie *Father Knows Best* (›Vater ist der Beste‹). Man bekommt Einblick in eine geradezu quälend durchschnittliche Familie des gehobenen Mittelstandes. Die Bankses sind typische konsumorientierte Vorstadtbewohner, die sich streng an die Vorschriften halten.

Robert Hatch schrieb darüber in *The New Republic:* ›Sie repräsentieren den perfekten amerikanischen Traum. Sie leben in bescheidenem Luxus nach einem bestens ausgearbeiteten Hypothekenplan. Es sind Leute, die sich eine Kreuzfahrt nach Westindien leisten. Sie verlangen strikte Treue. Sie stellen allwöchentlich Wäsche zur Schau und wecken damit den Neid der Nachbarn.‹

Eines Abends verkündet die Tochter Kay beim Essen wie beiläufig ihre Verlobung. Wie es die Situationskomik verlangt, reagieren die Eltern wie auf Stichwort. Sorgenvoll und aufgebracht gehen sie ihren Weg bis zum Tag der Abrechnung. Der Film folgt praktisch haargenau den Ereignissen in Edward Streeters federleichtem Roman. So besteht der Film aus einer Reihe von humorvollen Episoden: Der Vater

›Father of the Bride‹ − ›Vater der Braut‹ (1950) mit Spencer Tracy.

trifft den zukünftigen Schwiegersohn; die Eltern des Jungen treffen die Eltern des Mädchens; die zukünftige Braut streitet sich mit dem zukünftigen Bräutigam. Minnelli führt wie mit behutsamen Pinselstrichen Regie; die Darsteller Spencer Tracy, Joan Bennett und die Taylors – Don und Elizabeth – agieren mit gewinnender Nonchalance.

Tracy als brummender Teddybär-Papa, der das Wohlergehen seiner Tochter im Auge hat und mit seinem Geld äußerst vorsichtig umgeht, ist unschlagbar drollig. Als amerikanischer Haustyrann (eine Rolle in der Tradition von Clarence Day in *Life With Father*) ist Tracy durch und durch gutmütiger Bluff und männliche Herzlichkeit. Aber es ist eine Ensemble-Show. Die typisch verwöhnte Tochter eines typischen *mid-American bourgeois* hat ihre glücklichsten Leinwandmomente, wenn sie Vater und Verlobten mit instinktiver List um den Finger wickeln kann. Mit Ausnahme der munteren, lustigen Verkündung ihrer Verlobung, wobei sie gedankenlos über die Aussichten ihres Verlobten und über das spätere Eheleben plappert, hat sie keine Szene mehr ganz für sich allein. Sie dient lediglich als ergänzende Staffage für die Rahmenhandlung, aber man muß ihr bescheinigen, daß es sich um ihre verständnisvollste und natürlichste Darstellung handelt. Sie ist – genau wie der ganze Film – leicht wie Luft.

Father's Little Dividend (›Ein Geschenk des Himmels‹) hat sehr viel Ähnlichkeit mit dem zuvor erörterten Film. Das Leben von Neuvermählten wird in allen Details geschildert. (Liebt er sie wirklich?) Desgleichen die traumatischen Begleiterscheinungen bei der Geburt des ersten Babys. Auch dieser Film lebt von vielen kleinen Einzelszenen und steht insofern seinem Vorgänger in nichts nach. Auch hier führt Minnelli wieder mit ungemein behutsamer Hand Regie, so daß dieser Film zu einem der seltenen Streifen wird, bei dem die Frische des Originals erhalten bleibt.

Diese beiden Filme stellen in der Karriere der Taylor so etwas wie eine Kuriosität dar. Es geschah nicht sehr oft, daß

›Father's Little Dividend‹ – ›Ein Geschenk des Himmels‹ (1951) mit Spencer Tracy, Don Taylor, Moroni Olsen, Billie Burke und Joan Bennett.

Liz auch einmal Gelegenheit bekam, eine vollkommen durchschnittliche junge Dame zu spielen; eher das reizende Mädchen von nebenan als die reiche und unerreichbare Schönheit. In *Cynthia* oder *A Date With Judy* (›Wirbel um Judy‹) steht sie ein wenig abseits von ihren Altersgenossinen. Hier aber, als zukünftige Braut oder als eifrige, besorgte Ehefrau und Mutter, ist sie eine kerngesunde, ganz normale junge Frau; beinahe so etwas wie eine Vorläuferin von Elinor Donohues munterer, quirliger Betty in *Father Knows Best* (›Vater ist der Beste‹). Während ihrer Naiven-

69

phase machte die Taylor ihre vier anspruchlosesten Filme: *Conspirator* (›Verschwörer‹) und *The Big Hangover* im Jahre 1950, *Love Is Better Than Ever* (1952) und *The Girl Who Had Everything* (1953). Diese Filme liegen ganz entschieden weit unter dem Durchschnitt. Die Taylor war damals schon ein Star, und wenn man ferner bedenkt, wieviel Mühe sich MGM in den 40er Jahren mit ihr gegeben hatte, dann muß ihr Auftreten in diesen seichten Unterhaltungsfilmen doch einigermaßen überraschen. Alle vier Filme sind Schwarzweiß-Quickies zweiter Klasse und werden jetzt allenfalls noch im Fernsehen wiederholt.

Aber in diesen vier Filmen wird Elizabeth Taylor auf eine Art herausgestellt, wie es in früheren Filmen nicht der Fall war. Mit Ausnahme von *The Big Hangover* ist sie überall der Mittelpunkt.

Drei dieser Filme spielen im üblichen Milieu der Welt der Reichen. In *The Big Hangover* ist Liz die Tochter vom Boß. In *Conspirator* (›Verschwörer‹) spielt sie eine amerikanische Debütantin in London. In *The Girl Who Had Everything* ist sie die Tochter eines angesehenen Anwalts. Nur in *Love Is Better Than Ever* hat sie eine ihrer wenigen Rollen als Mädchen der Arbeiterklasse; sie spielt eine Kleinstadt-Tanzlehrerin, die in die Großstadt kommt, um an einem Kongreß teilzunehmen. Hier fällt sie auf einen gerissen daherredenden, glattzüngigen Theateragenten herein.

In diesen vier Filmen, und auf etwas gehobene Weise auch noch in *Elephant Walk* (›Elefantenpfad‹), spielt die Taylor die unschuldige Naive, die sich den falschen Mann aussucht. Sie ist die unglückliche Partnerin einer Fehlverbindung. Sowohl in *Love Is Better Than Ever* als auch in *The Girl Who Had Everything* ist sie (wie schon die Titel andeuten) eine temperamentvolle junge Dame, die ihren eigenen Willen durchsetzen will. Im ersten Film trotzt sie dem Kleinstadt-

Vorhergehende Doppelseite: ›The Girl Who Had Everything‹ (1953) mit William Powell.

›The Girl Who Had Everything‹ (1953) mit Fernando Lamas.

milieu, in dem sie aufgewachsen ist, indem sie sich mit einem welterfahrenen, raffinierten Mann aus der Großstadt einläßt. So fordert sie ihr Schicksal geradezu heraus. Im zweiten Film legt sie sich mit ihrem Vater an, um mit einem Bonvivant, der Beziehungen zur Unterwelt unterhält, durchzubrennen. In *Conspirator* (›Verschwörer‹) heiratet das bedauernswerte Mädchen einen Kommunisten. In *The Big Hangover* ist sie mit einem Trinker verlobt. Und in *Elephant Walk* (›Elefantenpfad‹) ist ihr Ehemann ein Verrückter mit Vaterkomplex.

Diese fünf Frauen unterscheiden sich durchweg von der

›Love is Better than Ever‹ (1952) mit Larry Parks.

jungen Taylor-Frau, dem Unschuldslamm, das sich einbil-
det, mehr zu wissen, als wirklich der Fall ist. In jeder Film-
rolle muß sie erzogen werden. Das rücksichtslose Temperament muß gezügelt und korrigiert werden. Am Ende von
The Girl Who Had Everything muß sie sich von ihrem reichen Vater William Powell eine Gardinenpredigt über die
Tugenden von Heim und Familie anhören, nachdem sie eine

›The Big Hangover‹ (1950) mit Van Johnson.

unglückliche Affäre mit einem Mann hatte, der weder ihrer
Klasse noch ihrem Charakter entsprach. Liz hört sich diese
Vorlesung über die Vorzüge eines ruhigen, häuslichen Le-
bens geduldig an und beherzigt auch alles; sie verläßt die
Großstadt, um wieder nach Hause aufs Land in Virginia zu-
rückzukehren. Es ist anzunehmen, daß sie – nachdem ihr die
Federn gestutzt wurden – einen soliden Mann heiratet.

Oben: ›Elephant Walk‹ – ›Elefantenpfad‹ (1954) mit Dana Andrews.

Rechts: ›Elephant Walk‹ – ›Elefantenpfad‹ (1954); als Ruth Wiley, während des Überfalls der wildgewordenen Elefanten.

In *Love Is Better Than Ever* gibt es den gleichen Kontrast zwischen Stadt und Land. Diesmal ist Liz sogar noch provinzieller; eine unschuldige Naive, die zwar von der Großstadt in Versuchung geführt, aber niemals von ihr verdorben wird. Sie verknallt sich in einen saloppen Broadway-Agenten (Larry Parks). Wieder einmal ist Liz die entschlossene Verfolgerin. Sie hat sich einen Mann aufs Korn genommen, der überhaupt nicht heiraten will. Unverschämt und halsstarrig spinnt sie ihr Netz und nimmt sich schließlich vor, einfach ihre Verlobung mit dem Mann zu verkünden… in der Hoffnung (wie fünf Jahre später Maggie the Cat), daß Dichtung Wahrheit werden möge.

In *Elephant Walk* (›Elefantenpfad‹) ist der kulturelle Unterschied zwischen der Heldin und dem Mann ihrer Wahl noch viel exotischer. Die Taylor ist ein verträumtes Londoner Ladenmädchen, das nach Ceylon verschlagen wird, um dort Herrin auf einer großen Plantage zu werden. Aber wieder einmal hat der Mann, den sie heiratet, ein Problem. (Bei der Taylor, die im Grunde ihres Wesens geistig kerngesund ist, hat stets der von ihr gewählte Mann irgendeinen Defekt oder ein Handikap.) Ihr Ehemann (Peter Finch) ist von der Erinnerung an seinen autokratischen Vater besessen, und so wird die Plantage eigentlich immer noch vom Geist des toten Vaters geleitet und beherrscht. Die Taylor muß nun also versuchen, den Geist des toten Vaters zu bekämpfen. Außerdem will sie die Trinkkumpane ihres Mannes von der Plantage loswerden. Sie muß sich mit einem hochnäsigen Majordomo herumschlagen. Auch mit einer Cholera-Epidemie gilt es fertig zu werden. Und für all diese Mühe bekommt Liz zu Hause keine Liebe. Man sieht also, daß sie alle Hände voll zu tun hat. Vom Ehemann zurückgestoßen, die Nerven bis zum Zerreißen gespannt… so akzeptiert sie

›Rhapsody‹ – ›Symphonie des Herzens‹ (1954) mit Vittorio Gassman.

schließlich dankbar die Aufmerksamkeiten des Aufsehers (Dana Andrews) ihres Mannes.

Es ist wieder eine Dreiecksgeschichte, gewissermaßen eine Vorbereitung auf ihre Rolle als zu Besuch kommende Ehefrau in *Giant* (›Giganten‹). Ein Mini-Epos, mit exotischem Lokalkolorit aufgemöbelt, mit einem wilden Elefanten-Sturmlauf und mit Eingeborenen-Riten gewürzt... so ist *Elephant Walk* (›Elefantenpfad‹) tatsächlich so etwas wie eines armen Mannes *Giant* (›Giganten‹). Unterhaltung für einen langweiligen Samstag, an dem man nichts Besseres zu tun hat, als sich so einen Film anzusehen.

Aber dieser Film verhalf der Taylor zu einem Wechsel der Szenerie. Er gab ihr mehr Spielraum, das eigene Feuer zu entfalten und Selbstachtung zu zeigen, also ganz anders als in den meisten Rollen, die sie als Debütantin-Rebellin gespielt hatte. In diesem Film hat die Ehefrau eine sehr scharfe, spitze Zunge und einen starken Willen, alles Anzeichen der bevorstehenden Spitfire. Nachdem sie für Vivien Leigh eingesprungen war, die krank geworden war, spielte die Taylor ihre Rolle, diese fiktive Heroine, mit viel mehr Temperament, als man ihr zugetraut hätte.

The Big Hangover war während dieser Periode der einzige Film, in dem die Taylor nur eine Nebenrolle spielte.

Otis Guernsey schrieb im *Herald Tribune:* ›Herausgeputzt wie ein Mannequin... hat die Taylor nur interessiert oder zärtlich aufzutreten.‹

Auch dieser Film sollte so etwas wie eine Botschaft verkünden. Der Stoff ist eine romantische Komödie über die Tochter vom Boß und einen Kriegsveteranen, für den schon ein Hauch von Alkohol Betrunkenheit bedeutete. Aber für Liz, Hollywoods müßige, untätige Frau, ist eigentlich gar kein Platz in den ernsthafteren Passagen dieses Films; die Welt der Arbeit und das moralische Zentrum des Films kommen auch ohne die Taylor aus. Van Johnson als nobler Anwalt von Minderheiten hat die heroischen Entscheidungen zu fällen. Liz bleibt zu Hause, und es scheint beinahe, als

›Rhapsody‹ – ›Symphonie des Herzens‹ (1954) mit John Ericson.

ob ihre Reize die wichtige Arbeit ihres Mannes behindern.

Daß Liz sich als Hindernis erweist, ist ein Thema, das in *The Big Hangover* nur am Rand gestreift wird. Aber es ist das Hauptthema von *Rhapsody* (›Symphonie des Herzens‹); in diesem Film, der 1954 entstand, ist die Taylor unbestreitbar der Star. Aber während dieser Film eigentlich als Huldigung an ihre Schönheit gedacht war, sabotiert er sie gleichzeitig.

81

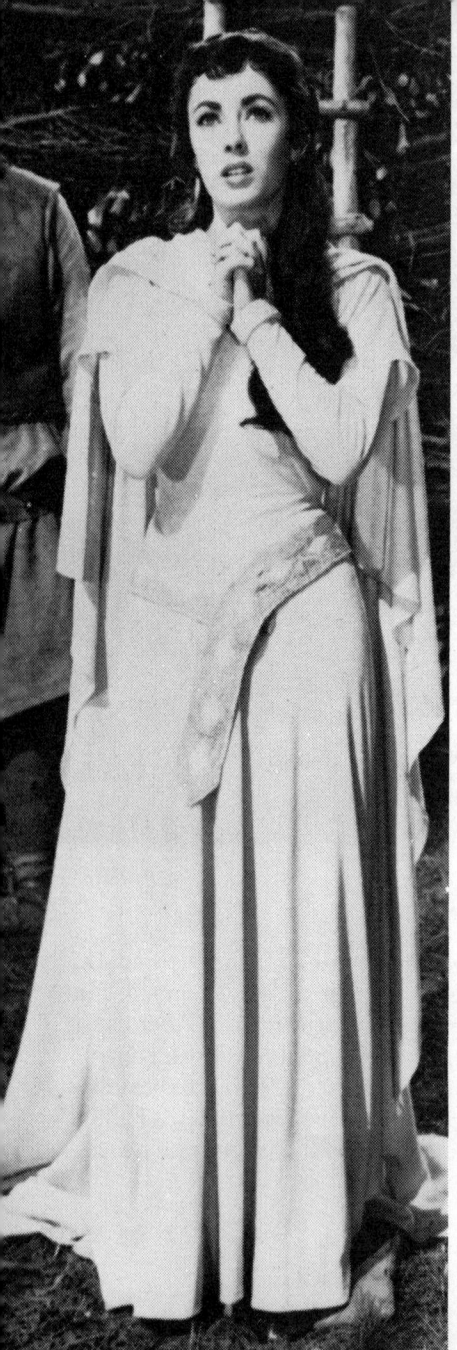

Links: ›Ivanhoe‹ –
›Ivanhoe, der schwarze
Ritter‹ (1952);
Rebecca auf dem
Scheiterhaufen.

Rechts: ›Ivanhoe‹ –
›Ivanhoe, der schwarze
Ritter‹ (1952)
mit Robert Taylor.

Liz spielt wieder einmal die verwöhnte Lady des Reichtums; sie ist abermals die rebellische Tochter eines reichen Mannes; und sie ist das destruktive Element im Leben von zwei Musikern. Als Mädchen, das viel zuviel Freizeit hat, sehnt sie sich nach Aufmerksamkeit. Während also Vittorio Gassman seine Tonleitern übt, kitzelt das arme, kleine, reiche Mädchen ihn am Ohr oder räkelt sich in verführerischer Pose auf eleganten Polstermöbeln. Die Dame ist nicht schlecht, wohlverstanden; sie ist auch nicht gemein. Sie tut einfach nichts, sondern will nur geliebt werden. Das allein verlangt sie von einem Mann. Sie ist die ziellose *femme fatale;* der müßige Jet-Set-Flirt; dekorativ, aber nutzlos.

Die Taylor spielt wie üblich eine Frau, die nichts zu tun hat. Sie kann nichts tun, und sie braucht auch nichts zu tun. Für sie ist stets der Mann der Genius. Gassman, an sich ein ziemlich rauh veranlagter Bursche, will aber Geschäft und Vergnügen nicht miteinander vermengen. Für ihn kommt in erster Linie die Geige, die Kunst, und dann erst Liz. Aber John Ericson, ein brillanter Pianist, kann der Taylor-Verführung nicht so leicht widerstehen. Er läßt sich davon unterkriegen und ergibt sich unter dem Streß, mit Liz und ihren Millionen zu leben, dem Trunk.

Metro gab der Taylor stets Gelegenheit, sich zu bessern. Sie ist das ungezogene Mädchen, das nur zeitweilig, aber nicht für immer auf Abwege gerät. Sie bleibt gerade lange genug da, um ihr zusammengebrochenes Genie wieder zu rehabilitieren und ihm wieder zu seinem Ehrenplatz in der Musikwelt zu verhelfen. So sorgt sie gleichzeitig für ihre eigene Glaubwürdigkeit als anständige Person.

Eine Frau, die als Empfehlung nur ihre Schönheit aufzuweisen hat, stellt in der Tat eine Bedrohung für die Kunst dar. Film-Mythen bestehen aber nicht aus solchen Rollen. So ist es eigentlich eine Anti-Star-Rolle. Aber die Zuschauer schwärmten von dem Star und waren von dessen Aussehen wie hypnotisiert. Was diese Person darstellte und spielte, interessierte die Zuschauer kaum.

›Ivanhoe‹ – ›Ivanhoe, der schwarze Ritter‹ (1952) mit George Sanders.

Newsweek schrieb: ›Die Taylor schwebt wunderschön zu den Klängen von Peter Iljitsch Tschaikowski oder Sergej Rachmaninow… das perfekte Bild einer Frau in Luxus.‹

Weniger gnädig war da Otis Guernsey in seiner Kritik im *Herald Tribune:* ›Mit der Story wird doch nur bezweckt, Elizabeth Taylor in attraktiven Gewändern, in schluchzender Einsamkeit oder strahlend bei einem Konzert herauszustellen… Es ist beinahe, als hätte Miss Taylor allen den Verstand geraubt, so daß der Film eigentlich nur von ihrem unbestreitbaren Charme lebt.‹

Aber selbst in einer nichtssagenden, romantischen Komödie, ob nun als oberflächliche amerikanische Prinzessin im Ausland oder als nutzlose Naive, ist die Taylor immer noch mehr zu Hause als in historischem Milieu. Das hätten auch die Leute begreifen müssen, die später *Cleopatra* produzierten. Sie hätten wissen müssen, daß die Taylor eine moderne Frau ist. Sie hat weder die Stimme noch die Fantasie, um eine Lady aus einer anderen Zeit spielen zu können.

In *Ivanhoe* (›Ivanhoe, der schwarze Ritter‹) spielt sie die Rebecca. Die Jüdin wird der Hexerei beschuldigt. Sie ist Lady Rowenas Rivalin um die Hand von Ivanhoe. (Wunderbarerweise verliert die Taylor diesmal!) Liz wirkt zwar stattlich, ist und bleibt aber unentrinnbar zeitgenössisch. Als sie auf den Scheiterhaufen steigen soll, schmollt sie und lächelt einfältig wie ein Mädchen, das bei einer Verabredung für Samstagabend versetzt wurde.

Der Film ist kitschig. Nur gelegentlich unterbrechen Hinweise auf persönliches Schicksal oder Bitten um mehr religiöse Toleranz die unaufhörliche Reihenfolge von Turnieren oder Kämpfen Mann gegen Mann. Die Taylors – Robert und Elizabeth – sowie Joan Fontaine agieren steif, würdevoll und hohl, aber die Originale bei Sir Walter Scott sind ja kaum zwingend.

Als Rebecca spielt Liz perfekt ›das kleine Mädchen mit allerbestem Benehmen‹ (sie ist süß, sie gibt sich alle Mühe), aber in *Beau Brummell* (›Beau Brummell, Rebell und Ver-

*›Beau Brummell‹ – ›Beau Brummell, Rebell und Verführer‹ (1954)
mit James Donald.*

führer‹, 1954) ist sie schlichtweg albern. Für ein hochgestelltes *Regency Maiden* reicht die Stimme der Taylor bei weitem nicht aus. Aber der Film ist keineswegs so schlecht, wie man vielleicht erwarten könnte. Dafür sorgen Peter Ustinov und Robert Morley als verdrehter Prince of Wales und sein sogar noch verdrehterer Vater, König George III. Hier gibt es Höhepunkte und durchaus fesselnde Darstellungen. Die Räumlichkeiten sehen identisch aus, und wenn Ustinov entzückt darüber plappert, was für ein hübscher, eitler Monarch er doch sein wird, hört sich der Film beinahe authentisch an. Aber diese Illusion wird sofort zerstört, wenn die Taylor mit dem unverkennbaren Akzent vom Wilshire Boulevard zu sprechen anfängt.

Als Lady Patricia wird die Taylor in ein wahres Meeer romantischer Unentschlossenheit geworfen. Sie muß wählen zwischen dem ungestümen Abenteurer und einem ernsten Politiker bei Hofe. Aber da sie im Grunde ihres Wesens eine Bourgeoise ist, entscheidet sie sich am Ende doch lieber für den sicheren Hafen als für den Sturm auf dem Meer.

Richard Mansfield, der amerikanische Bühnenschauspieler, der sich auf Stentor-Helden in romantischer Tradition spezialisiert hatte, beauftragte Clyde Fitch, für ihn seinen Talenten entsprechend die Geschichte des prominenten Regency-Mannes zu schreiben. Der Film basiert auf Fitchs Stück. Aber da Stewart Granger als berüchtigter Modefatzke jener Zeit doch ziemlich blaß wirkt, hat man die Aufmerksamkeit klugerweise auf den komisch-verückten Regenten konzentriert. Ustinovs Regent hat viel mehr Glamour als Grangers farbloser Glücksritter. So wird der Film zur Story des fehlgeleiteten, leicht manipulierbaren und schließlich reichlich pathetischen Prince of Wales, während der theatralische Beau jener Zeitepoche kaum sonderlich zur Geltung kommt.

Als Charakterstudie des modeverrückten Königstums ist *Beau Brummell* (›Beau Brummell, Rebell und Verführer‹) ein recht unterhaltsamer, obwohl ziemlich schwülstiger Film. Aber als Romanze oder als Einsicht in den historischen Beau selbst wirkt der Film stark ausgelaugt. Dafür sind in erster Linie Stewart Granger und seine Partnerin verantwortlich. Sie belasten die von Ustinov so temperamentvoll belebte Narretei à la Oscar Wilde.

›Beau Brummell‹ – ›Beau Brummell, Rebell und Verführer‹ (1954) mit Stewart Granger.

Die Katze

Die reiche, eigenwillige Taylor-Naive zeigte auch schon Ansätze der Southern Belles, die noch folgen sollten. Aber selbst in ihrer reifsten Darstellung in *A Place in the Sun* (›Ein Platz an der Sonne‹) oder *The Last Time I Saw Paris* (›Damals in Paris‹) hatte Liz noch längst nicht ihr Bestes gegeben. Das gelang ihr erst mit *Giant* (›Giganten‹) unter der Regie von George Stevens. Von diesem Epos im Jahre 1956 bis zu *Butterfield 8* (›Telefon Butterfield 8‹) im Jahre 1960, also während ihrer Hauptphase, brach die Taylor aus der Naiven-Schablone aus und wurde eine Vollblutschauspielerin. Zwar war ihr Darstellungsbereich niemals sonderlich groß oder ausgedehnt, aber ihr Talent war echt.

Die typische Taylor dieser Periode war natürlich die Southern Belle; keß, dreist, flott, unverschämt, verspielt, launisch, temperamentvoll und aufbrausend. Mit wohleinstudierter und geschickt praktizierter weiblicher List lockte sie die Männer in ihre Netze, wobei ihr natürlich zugute kam, daß sie ungemein sexy wirkte. Das verlockende Aussehen trug ebenfalls dazu bei. Diese Rollen waren für sie keineswegs neu; sie hatte so etwas auch schon gespielt. Doch jetzt bekam sie es mit ernsthafteren Stoffen zu tun, als man ihr sie bisher bei MGM zugemutet hatte. Die Taylor nahm diese Herausforderung an und verkörperte ihre Rollen ungemein lebhaft. Die Naive, die bislang so anmutig und beinahe immer kompetent durchs Studio geschwebt war, bewies nun, daß sie auch Persönlichkeit, Intensität und Humor hatte.

In *Raintree Country* (›Das Land des Regenbaumes‹) wird die Taylor-Belle verrückt. In *Suddenly, Last Summer* (›Plötzlich im letzten Sommer‹) kämpft sie verbissen darum, bei Verstand zu bleiben. In *Giant* (›Giganten‹) und *Cat on a Hot Tin Roof* (›Die Katze auf dem heißen Blechdach‹) ist sie

›Giant‹ – ›Giganten‹ (1956) mit Rock Hudson.

unerschütterlich wie der Felsen von Gibraltar. Aber ob nun
flatterhaft oder ernst, ob zum Zusammenbruch neigend
oder von eherner Ruhe... alle Taylor-Heroinen sind in einem Punkt grimmig entschlossen: Die Mädchen in *Raintree
Country* (›Das Land des Regenbaumes‹) und *Cat on a Hot
Tin Roof* (›Die Katze auf dem heißen Blechdach‹) wollen ihren Mann haben. Um ihn zu bekommen, ist ihnen kein Trick
zu niedrig oder schmutzig, ist ihnen jedes nur erdenkliche
Mittel recht. Dafür betrügen und schlagen sie sich. Die Ehefrau in *Giant* (›Giganten‹) will sie selbst sein und nicht etwa
das, was Texas-Damen von ihrem Stand sein sollen. Das er-

staunte, verwirrte Mädchen in *Suddenly, Last Summer* (›Plötzlich im letzten Sommer‹) will ganz einfach bei klarem Verstand bleiben.

Kämpferinnen sind sie alle. Diese Damen sind gewissermaßen Rebellinnen. Sie tun, was sie wollen, auch wenn sie damit den Southern Code herausfordern. Vier sture Frauen. Vier reizende Darstellungen, die zweifellos die kreative Phase in Elizabeth Taylors Karriere bedeuten.

Giant (›Giganten‹) erhob Elizabeth Taylor zum Superstar. Danach gab es keine seichten Filme mehr. Auf ihrem Terminkalender stand pro Jahr ein Prestigefilm, und für alle bekam sie Oscar-Nominierungen. Das blieb so bis *Cleopatra*.

Das Mitte der 50er Jahre gedrehte Filmepos *Giant* (›Giganten‹) war ein Monumentalfilm... dreieinhalb Stunden prächtiges Zelluloid. Der Film *Giant* (›Giganten‹) wurde dem herausragenden Roman von Edna Ferber voll und ganz gerecht. Geschildert wird die Geschichte einer Texas-Familie; ein Monument für die Mythen über Größe, Reichtum und Vulgarität von Texas.

Als wohlerzogene Dame aus Virginia ist Elizabeth Taylor die Außenseiterin, die den stämmigen, dickköpfigen Herrscher einer Familiendynastie heiratet (Rock Hudson); sie weigert sich stur, ihre eigenen Vorstellungen von Recht oder Unrecht aufzugeben.

Als Bick Benedict sich ausgerechnet diese selbständige Frau als Braut aussucht, die sich der Texas-Lebensweise in keiner Form anpassen will, hat er sich eine listige und ausdauernde Gegenspielerin geschaffen; eine Dame mit eigenem Willen, die ihn jeden Schritt des Weges herausfordert und liebt. Als er am Schluß den Besitzer einer Autobahnraststätte bekämpft, der sich geweigert hat, Benedicts mexikanische Schwiegertochter und sein Enkelkind zu bedienen, kann Liz den fünfundzwanzigjährigen Kampf endgültig für sich verbuchen. Im Gegensatz zum reaktionären Verhalten

›Giant‹ – ›Giganten‹ (1956) mit James Dean.

›Giant‹ – ›Giganten‹ (1956) mit James Dean.

ihres Mannes spielt sie die Liberale, und schließlich hat sie
mit der Erziehung ihres Mannes Erfolg. (Es ist eine der wenigen Gelegenheiten, bei denen Elizabeth Taylor einmal die
kluge Lehrerin und nicht die widerspenstige Schülerin
spielt.) Die Ehe ist ein Prototyp für die Taylor-Ménage:
Zärtlichkeit und Turbulenz werden eng miteinander vermengt. Es geht um die Entwicklung von Texas... vom Altmodischen zum Modernen.

Liz ist der Mittelpunkt des Leinwand-Epos; ob nun als

›Raintree Country‹ – ›Das Land des Regenbaumes‹ (1957); als Susanna Drake.

Virginia-Debütantin oder Pferdeliebhaberin, ob als neue Braut, ob als Bedrohung für die männlich herrschende Schwester des Ehemannes, ob als junge Frau und Mutter, ob als Herrin der Ranch (sie spricht lieber mit Männern über Politik, als oberflächlich mit Frauen zu tratschen), ob als unerreichbare Geliebte in Jett Rinks Träumen, ob im mittleren Alter als würdevoller Champion der American-Chicano-Integration. In jeder Rolle ist Liz Dreh- und Angelpunkt des Films, und sie liefert eine kluge und charmante Darstellung.

Wieder einmal zapfte Stevens die Stille ihrer strengen Schönheit an, aber er beutete auch das Temperament der Taylor-Spitfire aus.

Luz Benedict ist eine der starken Taylor-Heroinen; eine der wenigen Frauen, die – wenn es sein mußte – auch ihren eigenen Weg gehen und sich durchsetzen konnten.

In *Giant* (›Giganten‹) war Liz die konventionelle, wenngleich willensstarke Heroine aus der Frauenmagazin-Dichtung.

In *Raintree Country* (›Das Land des Regenbaumes‹) spielt sie als gestörte Louisiana-Lady, die unter einem Komplex leidet, weil sie Negerblut in den Adern hat, eine Charakterrolle. Im Gegensatz zu Eva Marie Saint, die eine unvermeidlich lilienweiße Heroine spielt, ist Liz die schwarzhaarige, giftige *femme fatale*.

Wie in *A Place in the Sun* (›Ein Platz an der Sonne‹) wird Liz als Symbol einer besonderen sozialen Klasse benutzt, aber sie ist auch eine Frau von ganz besonderer Art. Philip Roth schrieb in *The New Republic:* ›Sie repräsentiert die sinnliche Aristrokratin, in deren Welt man Eleganz von Nachlässigkeit kaum zu unterscheiden vermag.‹

Die dunkelhaarige Lady und verruchte Verführerin hat es auf einen idealistischen jungen Mann (Montgomery Clift) abgesehen, der nach dem goldenen Baum sucht, in dem das Geheimnis über den Sinn des Lebens verborgen sein soll. Mit der Lüge, schwanger zu sein, erwirkt sie die Heirat. Danach beginnt sie allmählich den Verstand zu verlieren. Der Taylor-Vamp hält einen guten und hilflosen Mann acht Jahre lang fest. Schließlich wird er befreit und kann zu seinen herrlichen Träumen und zu seiner reinen Jugendliebe zurückkehren. Der Tod seiner Frau mußte ihm dazu verhelfen.

Der nach dem Mammutroman von Ross Lockridge jr. gedrehte Film stellt die unglückliche Romanze mit dem Bürgerkrieg gleich; das persönliche Drama gilt als Spiegelbild der Wunden der Nation. Diesem Symbolismus zufolge re-

›Raintree Country‹ – ›Das Land des Regenbaumes‹ (1957) mit Montgomery Clift.

präsentiert die Taylor den Süden; sie vergiftet den Norden und zerrt ihn herab. Sie ist der Körper, der die Seele des Poeten befleckt. Am Ende des Bürgerkrieges nimmt sich Susanna Drake das Leben, und der Poet ist – wie das Land – gereinigt.

Entkleidet man diese Rolle der anstrengenden symbolischen Funktion, so ist sie eine der aufwendigsten, die jemals von der Taylor gespielt wurde. Zum einzigen Mal in ihrer Karriere ist sie eine Geistesgestörte. Am Anfang des Films strahlt diese Taylor-Belle all den verspielten, kichernden Charme des Südens aus, aber im Grunde ihres Herzens ist sie ein Vamp, der dem eigenen Ehemann das Leben aussaugt. Susanna ist nicht abscheulich oder gar hassenswert, aber sie ist ganz entschieden nicht gut für Johnny Shawnessy. Aber sie ist auch für sich selbst ein Ärgernis.

Der Familienhintergrund ist grelles Bestseller-Melodrama, aber die Taylor spielt alles vollendet; mit einem Flair und einer Intensität, die all ihre frühere Arbeit bei weitem übertreffen. In ihrer großen Beichtszene erzählt sie ihrem armen Mann von den Dämonen, die sie verfolgen; ihre Augen sind dabei vor grauenvoller Erinnerung weit aufgerissen. Sie berichtet von ihrer Angst vor schwarzem Blut. Sie erinnert sich an jene traumatische Nacht, als ihre Mutter das weiße Familien-Herrenhaus in Brand gesteckt hat; die verrückt gewordene Frau hatte ihren Ehemann verdächtigt, mit einer Mulatten-Dienerin geschlafen zu haben.

MGM versuchte, Raintree Country (›Das Land des Regenbaumes‹) als eine andere Version von Gone With the Wind (›Vom Winde verweht‹) auf den Markt zu bringen. Aber diesen Anspruch erfüllt der Film nicht. Trotz all der wilden Symbolik ist die Story in blumigem Stil geschrieben. Lockridges tausendseitige Untersuchung des amerikanischen Charakters ist nicht der großartige Roman, wie Margaret Mitchell ihn geschrieben hat. Aber der Film hat – wie seine Quellen – ganz zweifellos episches Flair; da sind die Kämpfe und Prunkbälle; die palastartigen Riverboats; die dem Verfall preisgegebenen Landsitze; die Bordelle und Verrücktenanstalten; die Szenen über Kindbett und Tod.

›Raintree Country‹ – ›Das Land des Regenbaumes‹ (1957) mit Montgomery Clift.

*›Cat on a Hot Tin Roof‹ – ›Die Katze auf dem heißen Blechdach‹
(1958) mit Paul Newman.*

Montgomery Clift als unglücklicher Poet und Eva Marie
Saint als seine Jugendliebe neigen etwas zu Kitsch, aber die
Szenen mit Elizabeth Taylor sprühen förmlich Funken. Das
ist einfach wunderbar. Die Susanna Drake gehört zweifellos
zu den farbigsten und vollkommensten Darstellungen der
Taylor; eine überreife und ziemlich verrückte Frau des Sü-
dens, die bereits Anzeichen der späteren Widerspenstigen in
Virginia Woolf erkennen läßt.
    Die beiden folgenden Filme nach Stücken von Tennessee
Williams stellen wohl den Höhepunkt in Elizabeth Taylors
Karriere dar. In *Cat on a Hot Tin Roof* (›Die Katze auf dem

*›Cat on a Hot Tin Roof‹ – ›Die Katze auf dem heißen Blechdach‹
(1958); als Maggie.*

heißen Blechdach‹, 1958) und *Suddenly, Last Summer* (›Plötzlich im letzten Sommer‹, 1959) leitet die Taylor ihre neugefundene Energie nicht mehr in Bestseller-Epik, sondern in *bona fide* literarische Kanäle.

Die beiden Stücke gehören zu Williams' besten Werken; sie sind am gleichmäßigsten durchgestaltet und erfordern deshalb auch eine entsprechend eindringliche Darstellung. Mit der intensiven Theatralik, gewürzt mit ironischen Dialogen, stellen diese Melodramen wahre Kassenschlager dar. Die literarischen Schnörkel in Verbindung mit der straffen Charakterzeichnung machen die Stücke zu den besten Stoffen, mit denen die Taylor jemals zu arbeiten hatte. Und so geht sie auch wie ein ungeduldiges Rennpferd vom Start weg eifrig und rastlos an ihre Aufgabe heran.

Die Pollitts, diese exzentrische Familie in *Cat on a Hot Tin Roof* (›Die Katze auf dem heißen Blechdach‹) streitet sich über zwei Stunden lang verbissen darum, wer Big Daddys 28 000 Acres ›fruchtbarstes Land diesseits vom Nil-Tal‹ erben wird. Das wahre Zentrum des Dramas ist aber nicht dieser Besitzstreit um das Land, sondern eher der Besitzstreit um Brick, den Lieblingssohn und ehemaligen Sportler, der sich dem Trunk ergeben hat. Wie so viele von Tennessee Williams' Charakteren hält Brick am flüchtigen, süßen Vogel Jugend fest und ist mit der Vergangenheit verhaftet. Dies gilt in ganz besonderem Maß für seine Erinnerung an die Freundschaft mit Skipper. Das Stück wich dem Thema Homosexualität, das ja damals noch tabu war, geflissentlich aus, aber der Film ist da noch heikler und zurückhaltender. Er hüllt Bricks Vergangenheit in einen mysteriösen Schleier. Er begnügt sich mit Andeutungen und Anspielungen. So wie die Story im Film erzählt wird, liegt Bricks Problem weniger bei Skipper als vielmehr bei Big Daddy. Diese Version läßt Brick weniger homosexuell erscheinen, da er ein überalterter Jugendlicher ist, dem von seinem Vater niemals genügend Liebe und Aufmerksamkeit zuteil geworden sind. Aber als Vater und Sohn es miteinander ausgetragen haben,

Links: ›Cat on a Hot Tin Roof‹ – ›Die Katze auf dem heißen Blech-dach‹ (1958) mit Paul Newman.

Rechts: ›Suddenly, Last Summer‹ – ›Plötzlich im letzten Sommer‹ (1959); als Catherine Holly.

steht Brick vollkommen gereinigt dar; er kann ins Bett seiner Ehefrau zurückkehren. Eine zu vereinfachte Darstellung, gewiß; aber auf der anderen Seite auch gar nicht so schlecht, wenn man berücksichtigt, daß man sich ja nur vage mit der Grundessenz des Stückes auseinandersetzen durfte. Worum es in diesem Stück wirklich geht, das muß möglichst verschleiert und im dunkeln gelassen werden.

Im Stück wird angedeutet, daß Brick und Skipper Liebhaber waren; daß Brick in so düsterer Stimmung ist, weil er sich für den Selbstmord des Freundes verantwortlich fühlt; außerdem ärgert er sich darüber, daß Maggie sich eingemischt hat. Das alles war für Hollywood im Jahre 1958 viel zu explosiv, um sich offen damit zu befassen. Williams war feige genug; *Cat on a Hot Tin Roof* (›Die Katze auf dem heißen Blechdach‹) ist ein Stück, in dem Homosexualität nichts anderes bedeutet, als entweder verrückt zu werden oder sich am Ende zu töten. Der Film aber geht noch vorsichtiger an dieses heikle Thema heran, als es im Original ohnehin schon der Fall ist. Richtig klar wird eigentlich nur, daß Maggie das Interesse ihres Mannes verloren hat... und daß sie nun wild darum kämpfen muß, es zurückzugewinnen.

Im dritten Akt von Williams' Original ist Maggies Sieg sehr zaghaft. Der Film wollte dem Stoff etwas mehr Pep und vor allem auch einen populären Schluß geben. Elia Kazan, der bei der Broadway-Version Regie geführt hatte, bat Williams, Bricks Rückkehr zu Ehefrau und Familie etwas entschiedener zu gestalten. Da sich Williams über den Stoff selbst recht unsicher war, kam er diesem Wunsch nach. Richard Brooks' Film benutzt den positiveren Schluß. Maggie erhält Brick zurück. Liz rennt die Treppe hinauf und schreit vor freudiger Erwartung.

Oben: ›Suddenly, Last Summer‹ – ›Plötzlich im letzten Sommer‹ (1959) mit Montgomery Clift.
Unten: ›Suddenly, Last Summer‹ – ›Plötzlich im letzten Sommer‹ (1959) mit Katharine Hepburn.

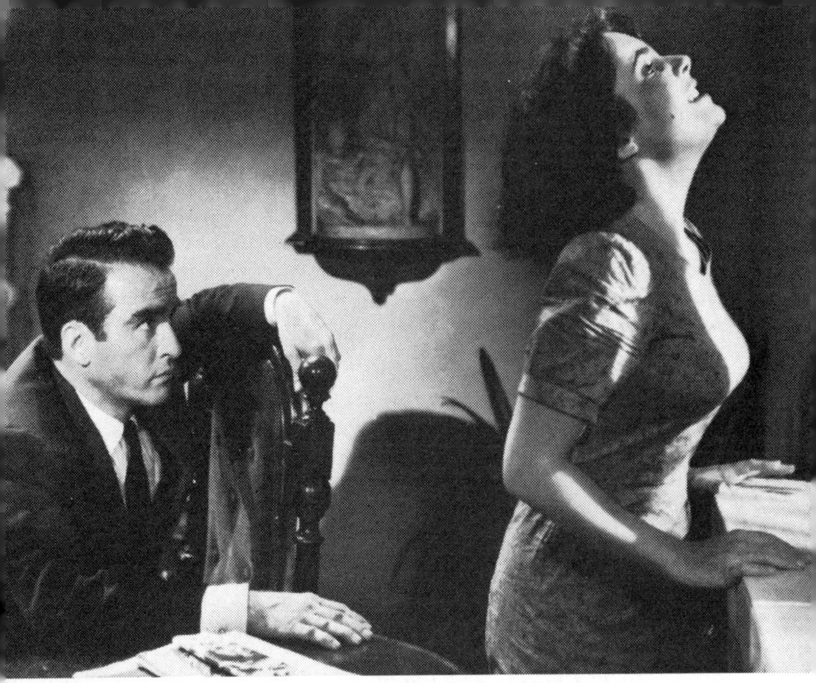

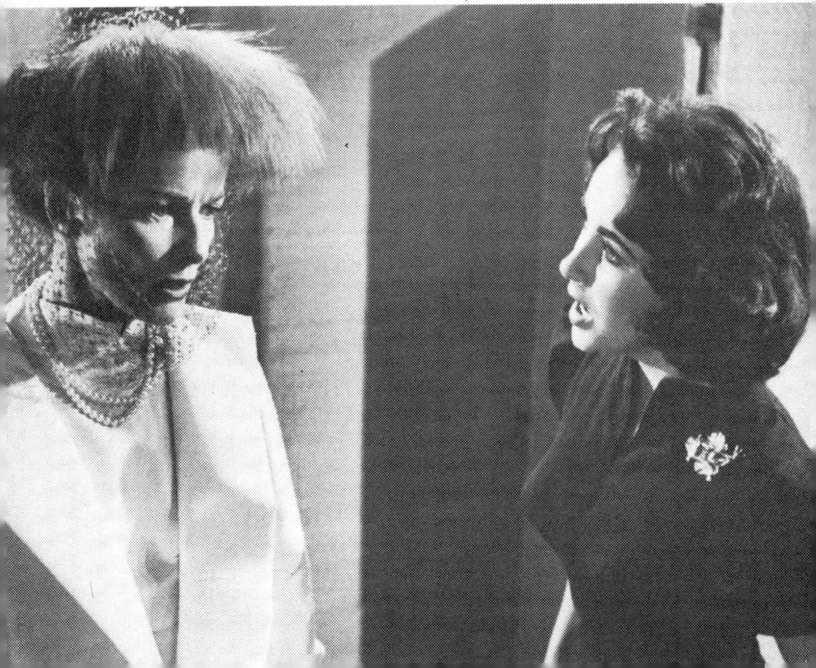

Wie immer bei Williams ist es der Mann, der kühl und begehrenswert ist; die Frau klammert sich keuchend an ihm fest. Da Liz eine ausgesprochene Männerjägerin ist, die mehr verfolgt als verfolgt wird, ist sie trotz ihrer Schönheit eine durchaus angemessene Williams-Heroine. Aber Maggie die Katze ist nicht eine von Williams' grotesken Frauen; sie ist wirklich ein standhaftes, unerschütterliches und liebenswertes Mädchen. Die Rolle verlangt eine robuste, offenherzige Darstellung; dazu ist die Taylor auch durchaus imstande, vorausgesetzt allerdings, daß sie dazu gerade in der richtigen Stimmung ist. Ausgestattet mit trockenem Witz und einer Vorliebe für fleischliche Lust, so stellt sie eine listig-geschickte, beharrliche, temperamentvolle Maggie dar. Sie schreit Brother Goopers Monstren ohne Hals an; sie tauscht Beleidigungen mit Sister Woman aus, ihrer kretinhaften Gegnerin; abwechselnd umgurrt sie schmeichelnd ihren Ehemann auf Abwegen oder schimpft heftig mit ihm; sie spricht herzlich und offen mit ihren sympathischen Schwiegereltern Big Daddy und Big Mama. Liz ist in voller Blüte; sie setzt für diese Gelegenheit ungemein reizend ihre kräftig ausgeprägte, schleppende Sprechweise des Südens ein. Ihren sexbetontesten Moment hat sie, als sie sich auf der Leinwand an Brick ankuschelt und ihm sagt, wie nett er dufte, wie glatt seine Haut sei. Das bringt die Taylor, die Männer-Verehrerin, auf ihre schwülste Art zum Ausdruck.

Cat on a Hot Tin Roof (›Die Katze auf dem heißen Blechdach‹) ist – wie es auch sein muß – Ensemble-Darstellung, wobei sich jeder in Geben und Nehmen am anderen entzünden muß. Als Brick liefert Paul Newman seine bisher beste Darstellung in seiner Karriere. Burl Ives, der seine Bühnenrolle wiederholt, ist ein unschlagbarer Big Daddy. Judith Anderson (ausgerechnet!) spielt vollendet die lebhafte, rü-

›Butterfield 8‹ – ›Telefon Butterfield 8‹ (1960); als Gloria Wandrous.

stige Big Mama. Jack Carson und Madeleine Sherwood als
das meistgehaßte Paar gebärden sich herrlich widerwärtig.
Gooper und Mae und deren quakende Brut von Monstren
ohne Hals sind Tennessee Williams' geschickter Seitenhieb
auf heterosexuelle Vereinigung.

Manche Zuschauer waren einigermaßen verwundert darüber, was ›plötzlich im letzten Sommer‹ geschah, aber für
Williams-Eingeweihte war sogar in der Filmversion die Botschaft klar: Sebastian wurde bei lebendigem Leib von seinen
Boys verspeist. *Suddenly, Last Summer* (›Plötzlich im letzten Sommer‹) ist des Autors Gipfel an homosexueller Fantasie. Ein Dichter namens Sebastian wird auf einer exotischen
Insel durch das rauhe Gewerbe, auf das er sich eingelassen
hat, gekreuzigt und wie ein Gang eines Menüs vertilgt.

Die Taylor ist wieder einmal die Frau, die ›im Wege steht‹.
Als üppige Catherine im weißen Badeanzug ist sie der Kö-
der, der die Boys anlockt. Weiß sie, wozu sie benutzt wird?
Warum gebraucht Sebastian eine Frau als Anreiz für bevor-
stehende homosexuelle Begegnungen? Fordert er Schwierigkeiten und Ärger heraus. Warum verreist er in diesem
Sommer lieber mit seiner jungen Kusine als mit seiner al-
ternden, herrischen Mutter? Ist sie für ihre Rolle als Kupplerin schon zu alt geworden? Das sind die Mysterien dieses
Stückes. Sie werden eins nach dem anderen in Williams' bester retrospektiver Art enthüllt. Ein verwickeltes Myste-
rium-Stück, raffiniert konstruiert und von der Taylor und
Katharine Hepburn als Erzrivalinnen um den kannibalisier-
ten Dichter mit wilder Begeisterung gespielt… so ist *Suddenly, Last Summer* (›Plötzlich im letzten Sommer‹) ein ho-
mophiler Jux erster Klasse. Man kann es wohl als Williams'
reifstes *Southern Gothic* betrachten.

Ihr homosexueller Vetter benutzt sie als Kupplerin. Ihre
gehässige Tante droht ihr mit Lobotomie, um ihr obszönes
Geplapper zu stoppen. Elizabeth Taylor ist wieder einmal
die nicht gewürdigte Schönheit. Aber sie ist auch die im
Stich gelassene Unschuld; ein Mädchen, das sich zu erinnern

›Butterfield 8‹ – ›Telefon Butterfield 8‹ (1960) mit Eddie Fisher und Susan Oliver.

bemüht, was aus Vetter Sebastian geworden ist. Williams selbst sagte dazu: »Wahrscheinlich ist sie das größte Talent auf der Hollywood-Leinwand, aber ich vermag nicht so recht daran zu glauben, daß eine *hip doll* wie unsere Liz nicht sofort gemerkt hat, daß sie für etwas Schlechtes mißbraucht wurde. Ich glaube, Liz hätte Sebastian an den Ohren nach Hause gezerrt und so beide vor der beachtlichen Peinlichkeit dieses Sommers bewahrt.«

Robert Hatch drückte in *The Nation* die gleiche Ungläubigkeit wie Williams aus: ›Ich denke, diese geistig vollkommen normale Liz hat eine Gehirnoperation genausowenig nötig wie eine Vergrößerung ihres Busenumfangs.‹

Liz mag vielleicht zu *hip* sein, um sich darüber hinwegtäuschen zu lassen, was Sebastian vorhat, aber sie stürzt sich geradezu rachsüchtig in Williams' turbulente Prosa. Catherine ist die auffälligste, aufwendigste und am besten geschriebene Rolle, die Liz jemals hatte, und sie läßt auch keine der ihr hier gebotenen Gelegenheiten und Möglichkeiten aus. Ihre Eröffnungsszene spielt in der Nervenheilanstalt. Rastlos wandert sie auf und ab, während sie sich mit dem mitfühlenden Dr. Sugar (Montgomery Clift) unterhält. Bis zum Schlußmonolog, bei dem sie dem Geheimnis schließlich auf den Grund kommt, liefert sie eine gleichmäßige, eindringliche Darstellung. Mit weitaufgerissenen Augen und schriller Stimme erinnert sie sich an das grauenvolle Entsetzen. Ihre Worte werden durch Bilder ergänzt. Scharfe Filmschnitte zwischen der Sprecherin und den Ereignissen, die zu Sebastians Märtyrertum führten, steigern noch die ohnehin schon überhitzte Atmosphäre. Dieser Monolog ist Elizabeth Taylors bester Moment in all ihren Filmen.

Als *Butterfield 8* (›Telefon Butterfield 8‹) im Jahre 1960 uraufgeführt wurde, hatte sich Elizabeth Taylors Image verändert; sowohl in der Öffentlichkeit als auch im Film. Sie war nicht länger die ätherische Schönheit oder die entschlossene Southern Belle. Jetzt war sie die Scarlet Woman; die Ehezerstörerin, die sich über alle Regeln hinwegsetzt und Eddie von Debbie stiehlt. Eine Frau, die sich ihre eigenen Regeln aufstellt. Liz wäre die ideale Besetzung für die Rolle eines trotzigen, aufsässigen Callgirls gewesen. Aber diese Rolle gefiel ihr nicht. ›Die Rolle, die man von mir zu spielen verlangt, ist doch nicht viel besser als die einer Prostituierten!‹ protestierte sie. ›Diesen Film zu drehen, das setzt mir höllisch zu. Er ist zu kommerziell und verrät schlechten Geschmack. Alle Darsteller darin sind doch irgendwie übergeschnappt oder sonstwie nicht normal... bis auf die Rolle, die Eddie spielt.‹ Um dem heiklen Star zu Gefallen zu sein, wurde einiges vom Sex gestrichen.

Merkwürdiges Verhalten für ›Hollywoods schlimmes Mädchen‹? Die meisten Schauspielerinnen hätten mit beiden Händen zugegriffen, um ein B-Girl zu spielen, aber ver-

*›Butterfield 8‹ – ›Telefon Butterfield 8‹ (1960) mit Mildred Dun-
nock.*

gessen wir nicht, daß es Liz niemals nach protzigen Rollen
gelüstete; daß sie niemals Huren oder Betrunkene oder
Nonnen oder ehrgeizige Schauspielerinnen spielte. Ihre Zuschauer wollten sie in sensationellen Rollen sehen, aber Liz
zog es vor, anständig und schicklich zu sein.

Der Film entstand nach John O'Haras Roman, aber die
Gloria Wandrous kommt reichlich undefiniert heraus. Der
Film geht so vorsichtig zu Werke, daß niemals ganz klar er-
sichtlich wird, wovon dieses Mädchen seinen Lebensunterhalt bestreitet. Offenbar arbeitet sie als Modell, aber wird
sie für das Schlafen mit Männern bezahlt? Oder schläft sie
ganz einfach nur deshalb mit Männern, weil es ihr Spaß
macht? Auf dem Höhepunkt eines Familienstreites gesteht

Gloria ihrer Mutter, daß sie die ganze Zeit die Schlampe war, aber auf der Leinwand ist davon nichts zu sehen. Wie in *The Last Time I Saw Paris* (›Damals in Paris‹) ist die Taylor als Frau von Welt reichlich blaß, beinahe prüde. Sie hat nicht die Freiheit, amoralische Charaktere zu porträtieren. Sie hat nicht die manische Selbstzerstörung, die für solche Rollen erforderlich ist. Durch das Drehbuch wird es wieder eine von Elizabeth Taylors tragischen Rollen: Gloria Wandrous ist eine Frau, die an unerwiderter Liebe stirbt.

Wie die Definition der Heldin, so ist auch der ganze Film von einer entnervenden Kuddelmuddel-Moral infiziert. Wie heißt es doch? Einmal eine Sünderin, immer eine Sünderin. Im tiefsten Inneren spürt diese MGM-Gloria, daß ihre untilgbare Vergangenheit sie für einen ehrbaren Mann disqualifiziert hat. Sie hat sich selbst als schlechtes Mädchen verurteilt, und sie weiß, daß sie zum Untergang verdammt ist.

Der Film betont viel mehr als der Roman Glorias Verlangen nach Ehrbarkeit. (Vielleicht auf Drängen der Taylor so inszeniert?) Weston Liggett (Laurence Harvey), der reiche Yale-Mann, ist ihre einzige große Chance, sich ins gehobene Leben der Jachten und Weekends auf dem Land aufzuschwingen. Es ist fast so, als wollte sie in eine Welt eindringen, die von der jüngeren Taylor in *A Place in the Sun* (›Ein Platz an der Sonne‹) so effektvoll verkörpert wurde.

Nach dem fatalen Autounfall preist Liggett sie als ein Mädchen, das nach Ehrbarkeit gestrebt hatte. Das ist die letzte Feststellung des Films über das Mädchen in Butterfield 8. Und es ist ein Betrug. O'Haras harter, präziser, so detaillierter Roman wurde von Metro in eine *soap opera* verwandelt und herabgewürdigt; in ein Rührstück über eine Nutte, die sich nach einem anständigen, ehrbaren Leben in einer Vorstadt sehnt.

Trotzdem wurde dieser Film in jener Zeit für ziemlich gewagt gehalten. Philip Hartung stellte in *Commonweal* beunruhigt fest: ›Der Film ist so glänzend und glatt, er umgibt Gloria mit einer solchen Aura von Glamour, daß dadurch

Für ›Butterfield 8‹ – ›Telefon Butterfield 8‹ bekam Elizabeth Taylor diesen Oscar.

beinahe die grimmige Wirklichkeit verdunkelt und die Tatsache verschleiert wird, daß Gloria krank, krank, krank ist!‹

Liz hielt es auch für gräßlich, aber sie war schon in schlechteren, schlimmeren Rollen aufgetreten. Als *soap opera,* als konventionelle romantische Tragödie, ist der Film fade und geschmacklos (man vertauschte das von O'Hara so beschwörend skizzierte New York unter der Prohibitions-Depression mit dem zeitgenössischen und sehr schmeichelhaft dargestellten Manhattan), aber nicht unmöglich. Und Liz ist durchaus in Ordnung. Am Schluß des Films versucht sie, die Tragik zu erhöhen, aber die Tränen und die Qual in ihrem Gesicht entsprechen nicht dem O'Hara-Original, dessen Augen trocken bleiben.

Es gibt Höhepunkte: Elizabeth Taylor, nach einer Nacht mit Liggett beschmutzt und in schmuddeliger Kleidung; die stumme Eröffnungsszene; der scharfe Wortwechsel zwischen Liz und der sardonischen Freundin ihrer Mutter; ihr Disput mit der Freundin ihres besten Freundes; Liz in Tränen aufgelöst bei einem Streit mit ihrer sanftmütigen Mutter (Mildred Dunnock). Elizabeth Taylor und Laurence Harvey vermengen sich wie Öl und Wasser, aber ihre Szenen mit Eddie Fisher, der ihren platonischen, mißbilligenden Kumpel spielt, sind schon derb und handfest. Eddie gibt ihr ruhige Unterstützung, so wie Montgomery Clift ihr auf der Leinwand immer Kraft verliehen hat. Ihre große Szene ist ihr Eingeständnis Eddie gegenüber, wie sie ihr Leben begonnen hat; im Alter von dreizehn Jahren wurde sie von einem Gast des Hauses verführt. Es hatte ihr gefallen. (Bei dieser Stelle sind ihre Augen weit aufgerissen, und ihre Stimme nimmt einen schrillen Klang an, als sie hinzufügt, daß es ihr immer gefallen hat!)

Die Beichtszene ist für die Taylor während dieser Phase gewissermaßen ein Markenzeichen; in vielen Filmen legt sie auf dramatische Art und Weise solche Geständnisse ab, die durch raffinierte Kameraführung und Ausleuchtung zu Brennpunkten der Taylor-Darstellung werden.

Die Königin

Die Produktion von *Cleopatra* (1963), der in einen Alptraum verwandelte Traum eines Publizisten, verlief natürlich viel theatralischer, als es das Endprodukt dann war. Die Romanze auf der Leinwand kann in keiner Weise mit dem schadenfroh berichteten Wirbel zwischen den Fishers und Burtons außerhalb des Studios konkurrieren. Dazu kam die kolossale Fehlkalkulation der Produktionskosten. Der Star wäre beinahe an Lungenentzündung gestorben. Die Nachrichten über die ungeheuren Herstellungskosten überstürzten sich förmlich. Immer wieder gab es neues Trara und weitere Verschiebungen. Hinter den Kulissen wurde um die Herrschaft im Studio gerungen. Besetzung und Regisseur wechselten. Das Drehbuch mußte viele Male umgeschrieben werden. Und am Ende von alledem... was kam dann dabei heraus? Ein hohles, seichtes, zerredetes, bekanntes Epos, das nirgendwo die absurden Kosten auch nur ahnen ließ. Ein einigermaßen literarisch-historisches Essay. Ein Film von Joseph L. Mankiewicz, und das bedeutet, daß Cleopatra, Cäsar und Antonius sich oft anhören wie die kessen Schauspielerinnen in *All About Eve*. In Mankiewicz-Filmen wird ja immer sehr viel geredet, und üblicherweise handelt es sich dabei um Gerede, wie Leute es machen, wenn sie ein Glas in der Hand halten. Geschwätz bei Drinks. Das legendäre Geplapper bei einer Cocktailparty in Manhattan. Und das alles wird mit gedämpfter sexueller Verlockung gewürzt. Der Film kann Leute aus dem Altertum niemals glaubwürdig klingen lassen.

Wie hat denn Cleopatra tatsächlich geredet? Ganz bestimmt nicht so, wie es bei Shakespeare oder Shaw geschrieben steht! Warum also nicht mit dem trockenen Hollywood-New-York-Witz eines Mankiewicz?

»Ich habe weiter nichts getan, als dich ganz falsch zu behandeln!« gurrt Cleo und räkelt sich bald darauf auch schon auf dem Teppich.

»Und ich möchte von dir überhaupt nicht behandelt werden, junge Dame!« weist Vater Cäsar sie zurecht.

Hätte solches Geplänkel wohl angemessener geklungen, wäre es vielleicht mehr geschätzt worden, wenn *Cleopatra* mit einem vernünftigen Budget gedreht worden wäre? Wenn es kein von Skandalen umwittertes unspektakuläres Spektakel gewesen wäre?

Die größte *femme fatale* der Geschichte, das Skandalweib des Altertums mit Elizabeth Taylor zu besetzen... damit schien die Kunst Leben verstärken zu wollen. Vor *Cleopatra* hatte die Welt der Taylor verziehen, was sie Debbie angetan hatte. Ihr Fechtgang mit dem Tod hatte ihr die Gunst des Publikums wieder eingebracht (und ihr sogar zu einem Oscar verholfen, den sie gar nicht verdient hatte). Aber die Burton-Affäre war der letzte Tropfen in ein ohnehin schon überlaufendes Faß. Die Klatschmäuler schlossen offensichtlich daraus, daß Elizabeth Taylor eine Frau ohne jeglichen Sinn für Moral ist. Die Welt schnalzte zwar mißbilligend mit der Zunge, hielt aber eisern die Augen geschlossen. Soweit es die Kunst betraf, konnte keine Schauspielerin, mochte sie auch noch so üppig oder hochbezahlt sein, mit römischen Skandalen wetteifern. Liz in ihren Cleopatra-Gewändern auf der Leinwand war längst nicht so quälend wie die Ehezerstörerin, deren Mätzchen behandelt wurden, als könnten sie internationale Konsequenzen haben.

Die moderne Elizabeth Taylor hat der antiken Cleopatra die Show gestohlen; nicht die Verführerin aus dem Altertum stand im grellen Scheinwerferlicht, sondern die kesse, dreiste, unverschämte Frau der Neuzeit. Die Taylor war großartiger als irgend jemand, den sie auf der Leinwand darstellte.

Ihre Interpretation der Kaiserin war weder groß noch in-

›Cleopatra‹ – ›Cleopatra‹ (1963); als Königin vom Nil.

telligent noch verwegen genug; zurückgeschnitten auf ein Maß, das ihrer bescheidenen Spannweite entsprach. Und doch war ihre Darstellung nicht ohne Charme und auch nicht ohne gewisses Feuer.

Mankiewicz hat die Charaktere so geformt, daß sie auf Elizabeth Taylor zutreffen oder zumindest auf sie passen. Man verlangte von Liz nicht, irgend etwas zu tun, was sie nicht auch schon in zeitgenössischen Stücken getan hatte. Der Film folgt ihr von der Vater-Tochter-Romanze mit Cäsar (Shaw-Territorium) bis zum ungestümen Mann-Frau-Intermezzo mit Antonius (Shakespeare-Gebiet).

Das Vierzig-Millionen-Dollar-Epos wurde als eine Reihe von Betrachtungen der Taylor-Frau konstruiert; vom mädchenhaften, schnuckeligen Kätzchen, das sich mit Gurren und Schnurren den Weg in Cäsars Bett bahnt, bis zur Herrscherin der Welt, die dann als Frau für Antonius zuviel war.

Im ersten Abschnitt des Films ist die Taylor wesentlich besser. Als listige, heiratsfähige Tochter mit dem klugen Cäsar-Papa kann sie durchaus gefallen. Mit den ironischen Witzeleien und dem Kleinmädchenschmollen kann sie ganz gut fertig werden. Natürlich hat sie nicht Rex Harrisons Mayfair-Salon-Eleganz, aber seine höfische Sorglosigkeit und Unbekümmertheit helfen ihr ganz wesentlich, ihre eigene Darstellung zu formen.

Elizabeth Taylor hatte erwartet, in ihrer Rolle als ungemein feminine und von Leidenschaft gepeitschte Königin viel mehr ›schauspielern‹ zu müssen, aber sie hat die Rolle besser im Griff, wenn sie Cäsars Schülerin spielt; als Antonius' Lehrerin gelingt ihr das nicht so gut. Ihre komödiantischen Auftritte mit Harrison strahlen ruhige Autorität aus; ihre dem Untergang geweihte Liebesaffäre mit Burton zündet niemals. Liz ist als hochmütige, befehlende Königin einfach nicht selbstbewußt und zuversichtlich genug. Die

Vorhergehende Doppelseite: ›Cleopatra‹ – ›Cleopatra‹ (1963) mit Rex Harrison.

›Cleopatra‹ – ›Cleopatra‹ (1963) mit Richard Burton und Rex Harrison.

höchstbezahlte Schauspielerin der Filmgeschichte ist nicht
allzu sicher, und das zeigt sich auch. Ob sie nun Antonius im
Kronrat beschimpft oder sich mit ihm in ihrer Gruft anlegt,
es fehlt ihr an königlichem Feuer und an Autorität.

Noch schwieriger wurde für sie die Darstellung der Cleopatra als geschickte Politikerin. Der Film macht die Rolle zu
einer Art Eleanor Roosevelt, die vom Ideal einer einzigen

›Vereinigten Welt‹ gefesselt ist. Elizabeth Taylors Stimme klingt eher nach einer intimen Szene im Schlafzimmer und hört sich kaum an wie die Stimme einer allmächtigen Regentin im Kronrat. In der Rolle einer ehrgeizigen Staatsfrau ist Liz einfach nicht zu Hause. Sie kann die Cleopatra als Frau, die ihr Leben für die Liebe aufgibt, durchaus darstellen, aber sie hat nicht das notwendige Rüstzeug für eine kommandogewaltige Frau, wie es der Film nun eben manchmal verlangt. In anderen Filmen übersteigt Elizabeth Taylors

Links:
›Cleopatra‹ –
›Cleopatra‹ (1963)
mit Richard Burton.

Rechts: In der
Fernsehsendung
›Elizabeth Taylor
in London‹
am 6. Oktober 1963.

Ehrgeiz niemals die Grenzen der Liebe. Es ist also kaum überraschend, daß sie ziemlich geistesabwesend ist, wenn sich die Königin um Staatsangelegenheiten kümmern muß.

»Die Tage einer Königin sind ausgefüllt, aber ihre Nächte sind einsam«, beklagt sie sich bei Antonius. Wir können uns nur allzu gut vorstellen, auf welche Weise sie diese Nächte verbringen möchte, aber in dieser Hinsicht bietet das Drehbuch nur wenige Anhaltspunkte.

Mankiewicz sagte, daß die Film-Cleopatra kein Vamp

war. »Sie war eine höchst komplexe, intelligente Frau, die von ihrem Ehrgeiz auf schwindelhafte Höhen getragen wurde. Das hat Liz auch durchaus verstanden und dementsprechend dargestellt.«

Das Problem ist natürlich, daß die Taylor eben das nicht getan hat. Das Mädchen, das es stets so leicht gehabt hatte, hatte niemals die Rolle einer ehrgeizigen Frau gespielt. Wenn sie eine Lady mit den Aspirationen einer Crawford oder Hepburn spielen sollte, also einer Frau, die zwar Liebe wünscht, aber gleichzeitig die ganze Welt beherrschen möchte, dann ist sie überfordert, weil ihre Mittel dafür nicht ausreichen. Weder das Leben noch der Film hat sie darauf vorbereitet, solchen politischen Appetit und Ehrgeiz zu entwickeln.

Die Taylor stellt niemals etwas anderes als eine zeitgenössische Sirene dar. Stanley Kauffman hat es so ausgedrückt: »Die Taylor braucht weiter nichts zu tun, als durch den Thronsaal zu wandeln, um Alexandria in Beverly Hills zu verwandeln!«

Es wird jedem ohne weiteres auffallen, daß es der Taylor-Stimme an Volumen oder Tiefe fehlt, um eine mythische historische Gestalt lebensecht darzustellen; ihre Stimme klingt stets zeitgenössisch. Die Taylor-Cleopatra ist eine moderne Dame; als Frau oberflächlich, keß, listig, aber nicht allzu intelligent, wenn es um Politik oder Krieg geht.

Die Kritiker sprangen mit dem Star, der auf dem Höhepunkt seiner Karriere für seine Dienste eine runde Million kassierte, nicht gerade allzu sanft um.

So schrieb Archer Winsten in *The New York Post:* »Es ist eine nahezu schmerzliche Erkenntnis, daß die Liz Taylor, die hier so brutal überfordert wird und vor neunzehn Jahren ihre Karriere mit der perfekten Darstellung in *National Velvet* begonnen hat, ihren Höhepunkt überschritten zu haben scheint. *Cleopatra* beweist es auf sehr demonstrative Art und Weise.«

In *Newsweek* wurde etwas freundlicher zugestanden:»Sie

›The VIPs‹ – ›Hotel International‹ (1963) mit Richard Burton.

Links:
›The VIPs‹ – ›Hotel
International‹ (1963)
mit Louis Jourdan.

Rechts:
›The VIPs‹ – ›Hotel
International‹ (1963);
als Frances Andros.

ist nicht die schlechteste Schauspielerin der Welt. Sie kann
eine durchaus akzeptable Liebesszene hinlegen. Außerdem
hat sie ein bescheidenes Talent für witzige Dialoge.«

Brendan Gill lieferte in *The New Yorker* die fairste und
klügste Einschätzung: »Liz ist jetzt weniger eine Schauspielerin als vielmehr ein großes Naturwunder, etwa wie die
Niagarafälle oder wie die Alpen. Es war richtig vom Regisseur, sie als das zu behandeln, was sie inzwischen ist... die
berühmteste Frau ihrer Zeit und wahrscheinlich aller Zeiten. Perfekt zurechtgemacht, den nackten Körper in gol-
dene Gewänder gehüllt, wobei die Kamera niemals ver-
säumt, von Szene zu Szene den mit Recht so gefeierten Bu-

sen zur Schau zu stellen, so schreitet sie vom Bett ins Bad und von Cäsar zu Marcus Antonius… nicht als die Verkörperung einer Königin aus dem Altertum, sondern buchstäblich als lebende Puppe. Sie ist so sexy und modisch, daß ihre historische Vorgängerin, hätte sie sie sehen können, vielleicht gestorben wäre… nicht am Biß einer Schlange, sondern vor purem Neid!«

Aber nicht nur in *Cleopatra,* sondern auch in ihren beiden nächsten Filmen – *The VIPs* (›Hotel International‹, 1963) und *The Sandpiper* (›…die alles begehren‹, 1965) – war sie mehr die weltberühmte Frau als die gewissenhafte Schauspielerin; jedenfalls in stärkerem Maße als je zuvor in ihrer Karriere.

Diese drei Filme gaukeln dem Publikum vor, wie Liebhaber sein sollten: ungestüm wie in *Cleopatra;* streitsüchtig und zänkisch bis an den Rand der Trennung wie in *The VIPs* (›Hotel International‹); heimlich-verbotene Geliebte, die allen moralischen Normen trotzen, wie in *The Sandpiper* (›…die alles begehren‹). Ob nun als altertümliche Königin vom Nil, ob als *grande dame* der heutigen Zeit oder als Hippie-Künstlerin… die Taylor ist und bleibt die Taylor, eingehüllt und eingeschlossen in ihren spektakulären Ruhm. Die internationale Berühmtheit, die berühmteste Liebhaberin der Welt sind an die Stelle der aufblühenden Schauspielerin der 50er Jahre getreten. Die Taylor spaziert als skandalumwitterte Schönheit durch die Filme; das ist sie nun geworden. Sie ist nicht mehr die Southern Belle, die sie einmal war… vor Rom.

Nach *Cleopatra* behaupteten die Burtons, nicht mehr gefragt zu sein. Die Öffentlichkeit feuerte zurück. Die schwüle Leinwand-Romanze half da auch nichts. Die knappen Angebote waren sicher dafür verantwortlich, daß sich die Burtons schließlich für *The VIPs* (›Hotel International‹) entschieden, einen altmodischen Unterhaltungsfilm, der aber ein merkwürdig passendes Folgestück zu *Cleopatra* abgab. Das Drehbuch von Terrence Rattigan, gute Handwerksar-

›The Sandpiper‹ – ›… die alles begehren‹ (1965) mit Richard Burton.

beit, in Verbindung mit Anthony Asquiths straffer Regie machte aus dem Film einen Rückfall in eine frühere Tradition des Filmemachens; das *Grand Hotel.* Die VIP-Halle des Londoner Flughafens entspricht Vicki Baums Hotel als Hintergrund für die Enthüllung einer Vielzahl von eng miteinander verquickten persönlichen Dramen.

Die Burtons sind ein verschwenderisches reiches Paar. Ihr Eintreffen via Helikopter ist spektakulär, wie es dem herrschenden Königspaar aus dem Filmland geziemt. Liz ist wieder einmal die vernachlässigte Ehefrau, die sich mit einem Liebhaber tröstet. Der Ehemann, der seiner Frau Diamanten statt Zärtlichkeit gegeben hat, sieht sich der Bedrohung gegenüber, daß ihn die Frau verlassen könnte. Jetzt erst zeigt er, daß er seine Frau liebt. Aber Liz ist unnachgiebig; sie will, daß er leiden soll. Burton beschließt, sich selbst umzubringen. Erst als Liz dies erfährt, begreift sie, daß er sie braucht. Das Paar findet wieder zusammen (ohne jemals richtig getrennt gewesen zu sein). Trotz ihres immensen Reichtums, trotz der früheren Gleichgültigkeit des Ehemannes, trotz der Versuchungen, denen die Ehefrau ausgesetzt ist (Louis Jordan wartet bereits in den Kulissen), sind sie im Grunde genommen ehrbare, konventionelle Leute.

Die unvermeidliche Versöhnung wird auf dem Weg unwahrscheinlicher Zufälle erreicht; die Machinationen von Rattigans Plot reichen vollkommen aus, um Scribe erröten zu lassen. Aber die Details sind kaum von Bedeutung. Die Burtons benehmen sich wie Stars. Er hält seine Ansprachen wie Shakespeare-Arien; sie gibt sich sehr würdevoll und zurückhaltend, ihr bestes damenhaftes, unnahbares Verhalten seit *Cleopatra*. Am Schluß hat sie eine tränenreiche Szene und spielt einen mitreißenden Gefühlsausbruch, wie sie ihn ja seit *National Velvet* und *The Courage of Lassie* hinreichend praktiziert hat. Ansonsten aber gibt sie sich kühl und streng; ihr Gesicht bleibt von normalem, menschlichem Ausdruck unberührt.

Bosley Crowther stellte in *The New York Times* fest: »Sie strahlt eisige Zurückhaltung, beinahe Grausamkeit beiden Männern gegenüber aus.«

Die Burtons beherrschen aber keineswegs den Film. Ähnlich wie in *Cleopatra* stimmt auch hier bei weitem nicht alles. Er hat diese tiefe sonore Stimme, auf die er so stolz ist; sie arbeitet mit ihrer hohen, stets ein wenig atemlos klingenden

›The Sandpiper‹ – ›... die alles begehren‹ (1965) mit Richard Burton.

Kleinmädchenstimme. Er ist bühnenerfahren; ein sehr eindringlicher klassischer Schauspieler. Sie ist filmerfahren und versteht es geschickt, der Kamera nicht mehr zu geben, als diese verkraften kann. Seine wortreiche Schwülstigkeit und ihre vom Film geprägte Subtilität harmonieren nicht miteinander. Oft scheinen sie nicht einmal die gleiche Stelle im Film einzunehmen und zu besetzen. Burton mag einer der besten klassischen Schauspieler seiner Generation sein, aber als Filmschauspieler in einem Film, der nun mal Filmschauspieler erfordert, ist er seiner Frau nicht gewachsen. Wenn sie knisternde Drehbücher mit wohlausgewogenen Rollen haben, zum Beispiel in Who's Afraid of Virginia

Woolf? (›Wer hat Angst vor Virginia Woolf?‹) und *The Taming of the Shrew* (›Der widerspenstigen Zähmung‹), dann reagieren sie ausgezeichnet aufeinander. Ihre Versionen von Albees und Shakespeares Liebhabern sind intelligente Tandem-Darstellungen. Aber in ihren anderen fünf gemeinsamen Filmen zeigt sich die Diskrepanz zwischen Old Vic und MGM der 40er Jahre nur allzu deutlich... und das nicht gerade zum Vorteil von ersterem.

In *The VIPs* (›Hotel International‹) gibt Burton zuviel, während die Taylor gerade genug gibt. Aber das macht nichts. Er ist Old Hollywood, und ein Film mit einer so großen Besetzung kann nur so gut sein, wie es die Nebendarsteller zulassen. Maggie Smith als einfache Sekretärin, die in ihren Boß verknallt ist, und Margaret Rutherford als alberne, bedürftige Herzogin stahlen die Show und bekamen alle guten Kritiken. (Die Rutherford bekam sogar einen Oscar als beste Nebendarstellerin.)

The Sandpiper (›...die alles begehren‹) hielt die Burtons weiter beschäftigt. Burton glaubte, es wieder nur mit Schund zu tun zu haben. Er nahm das Geld und ließ es dabei bewenden. Liz aber gefiel das Drehbuch. Der Grund ist leicht einzusehen. Sie spielt eine unverheiratete Frau, die mit ihrem Sohn zusammenlebt, wie es ihr gerade paßt. Liz kommt zum erstenmal dazu, über Ideen zu sprechen. Ihre Rolle ist die einer Frauenrechtlerin, die alle Freuden der Unabhängigkeit, der Selbständigkeit und des Selbstausdrucks proklamiert. Die Taylor ist keine Jane Fonda, die vor radikalem Feuer glüht, aber die Rolle drückt doch etwas von der Taylor selbst aus. In dieser Rolle bekommen wir eine Seite der Taylor zu sehen, die sich von der Standard-Taylor auf der Leinwand unterscheidet. Hier ist sie eine ›neue Frau‹, frei und klug. Sie bringt einem starren Kirchenmann ein, zwei Dinge bei. Symbolfigur des Films ist ein Schnepfenvogel mit gebrochenem Flügel. Die Taylor bietet ihn als Beweis dafür an, daß es jeder Kreatur erlaubt sein sollte, frei zu fliegen.

Wir wissen zuviel von der Taylor, um sie für einen Hippie

zu halten. Ihre ernsthafte Darstellung wird durch ihr unglaubliches Make-up und auch durch ihre Kleidung noch weiter unterminiert. Wenn sich eine Frau mit Selbstachtung für einen Kerouac-Beatnik hält, würde sie sich niemals so elegant kleiden oder in einer solchen Luxushütte im Wald leben. Aber von dieser dummen Starverpackung einmal abgesehen, ist Liz durchaus akzeptabel. Sie verkündet die schwach linksgerichteten Ideen ihrer Rolle mit aller Überzeugung und Aufrichtigkeit, deren sie fähig ist.

Seltsamerweise bildet die breit angelegte humanistische Philosophie den Mittelpunkt des Films; Liz erhebt in ihrer Rolle Einwände gegen organisierte Religion und formalen Schulunterricht. Sie rät zu freier Liebe und macht sich zu deren Anwalt; sie proklamiert die Natürlichkeit der körperlichen Liebe. (*Newsweek* beklagt sich über das Drehbuch von Dalton Trumbo und Michael Wilson; es liefert nur die geringstmögliche Dramatik, da es auf Maximen über Individualismus, Kosmogonie, Religion, Gesellschaft und Liebe fixiert ist.) Diese Story mit ständigen Erklärungen über das Leben wird durch den alten Geistlichen unterbrochen, der von einer schönen Frau in Versuchung geführt wird. Von den Reizen der Künstlerin bombardiert, unterliegt der Mann schließlich, aber nur, um am Ende das Gelübde abzulegen, den Weg der Reue und Läuterung zu suchen.

Die Moral des Films ist also eine Mischung aus Altem und Neuem. Die Affäre wird vollzogen; das wäre zur Zeit vom Hays Office nicht möglich gewesen. Aber der vom Weg abgeirrte Geistliche muß sich seines Ehebruchs schämen. Er hat das Gefühl, seine reine Ehefrau (Eva Marie Saint) und seinen Job nicht mehr verdient zu haben. Deshalb macht er sich auf die Suche nach einer neuen Pfarrei.

Judith Christ schrieb im *New York Herald Tribune:* »Die Moral scheint darin zu bestehen, daß es nichts Besseres als einen Ehebruch gibt, um einen Geistlichen dazu zu bringen, ein soziales Gewissen zu entwickeln.«

Bosley Crowther ist von der fragwürdigen Moral des

Films noch stärker beunruhigt gewesen; er schrieb in der *Times:* »Damit soll das Praktizieren der freien Liebe raffiniert sanktioniert werden... zumindest aber eine illegitime Vereinigung, die angeblich durch Natürlichkeit gerechtfertigt ist.«

Der Film bringt beide Standpunkte zum Ausdruck. Er bewundert die Freiheit und rechtschaffene Selbstrechtfertigung der Frau, läßt aber den Geistlichen teuer für das Naschen an verbotenen Früchten bezahlen. Es ist eine alte Hollywood-Romanze, die man als Love Story in moderner Weise zu tarnen versucht. Das Unterfangen, bei Zuschauermassen den Sinn für Schicklichkeit zu beruhigen – Nervenkitzel unter konventioneller Frömmigkeit –, beraubt den Film jeder echten liberalen Politik, aber was kann man von einem sündhaft teuren Liebesfilm mit den Burtons auch schon anderes erwarten?

Burtons Prüderie ist unmöglich, und er spielt seine Rolle auch ungemein steif, als wollte er sich allem Schmerz gegenüber tot stellen, aber die Rolle der Taylor kommt einer echten Rebellin mit Ideen doch sehr nahe. Der Film beutet das öffentliche Image der Taylor als Verächterin von Konventionen aus, aber die Rolle gibt Liz auch Gelegenheit, einmal einigermaßen vernünftig über etwas anderes als immer nur über die Liebe zu reden. Eine Pseudo-Shaw-Rolle wie diese hatte sie noch nie zuvor, und wenn sie unter Vincente Minnellis anmutiger Führung auch nicht ganz überzeugend wirkt, so ist sie doch nett.

Die Widerspenstige

Das Haar ergraut, das Gesicht gedunsen und verrunzelt, die Gestalt mit eigenem Fett gepolstert, die kleine, hohe Stimme zu beinahe heiserem, whiskygetränktem Baß gesenkt... so legt die Taylor in der sensationellsten Schaunummer ihrer Karriere laut los. Stimuliert von Albees bissigem Witz, wie eine gelehrige Schülerin, die sie ja schon immer war, auf Mike Nichols' behutsame Regieführung eingehend... so überwindet Elizabeth Taylor den Berühmtheitsrummel und beweist wieder einmal, daß unter dem Star doch eine echte Schauspielerin steckt. Gewiß, es gibt immer noch Klippen; sie läßt mitunter die Anstrengung erkennen, und man sieht, daß sie nur ›schauspielert‹, aber im großen und ganzen ist es schon eine spektakuläre Darstellung.

Es war Tradition, die zerzauste Heroine in *Who's Afraid of Virginia Woolf?* (›Wer hat Angst vor Virginia Woolf?‹) mit einer forschen, maskulinen Schauspielerin zu besetzen. Uta Hagen, Mercedes McCambridge und Kate Reid spielten sie am Broadway.

Forsch ist die Taylor zweifellos, aber wohl kaum maskulin. Dennoch bringt sie einige dringend notwendige mildernde Schattierungen in Albees bissiges, zutiefst weiberfeindliches Porträt. Als sentimentale Schauspielerin schwächt die Taylor ihre Rolle allmählich bis zur Aussöhnung am Schluß des Stückes ab, als Martha schließlich kapituliert, nachdem George ihr imaginäres Kind zerstört hat. Jetzt gibt sie ihrem Bedürfnis, ihrem Verlangen nach dem Ehemann nach und freut sich auf ein zwar ramponiertes, aber doch noch zu rettendes Eheleben.

Aber Elizabeth Taylors Martha ist kein Weichling. Sie läßt sich temperamentvoll auf das Spiel ein. Ihr Entzücken darüber, George angreifen und demütigen zu können, ist genauso scharf wie ihre Abhängigkeit von ihm. Das garstige

›Who's Afraid of Virginia Woolf?‹ – ›Wer hat Angst vor Virginia Woolf?‹ (1966); als Martha.

Albee-Frauenzimmer wird mit Taylor-Zartheit bis zum Happy End gezeichnet. Das ist Albees show-kluger Trick, die Zuschauer froh und glücklich nach Hause zu schicken. Bei der Bühnenaufführung konnte man nicht glauben, daß

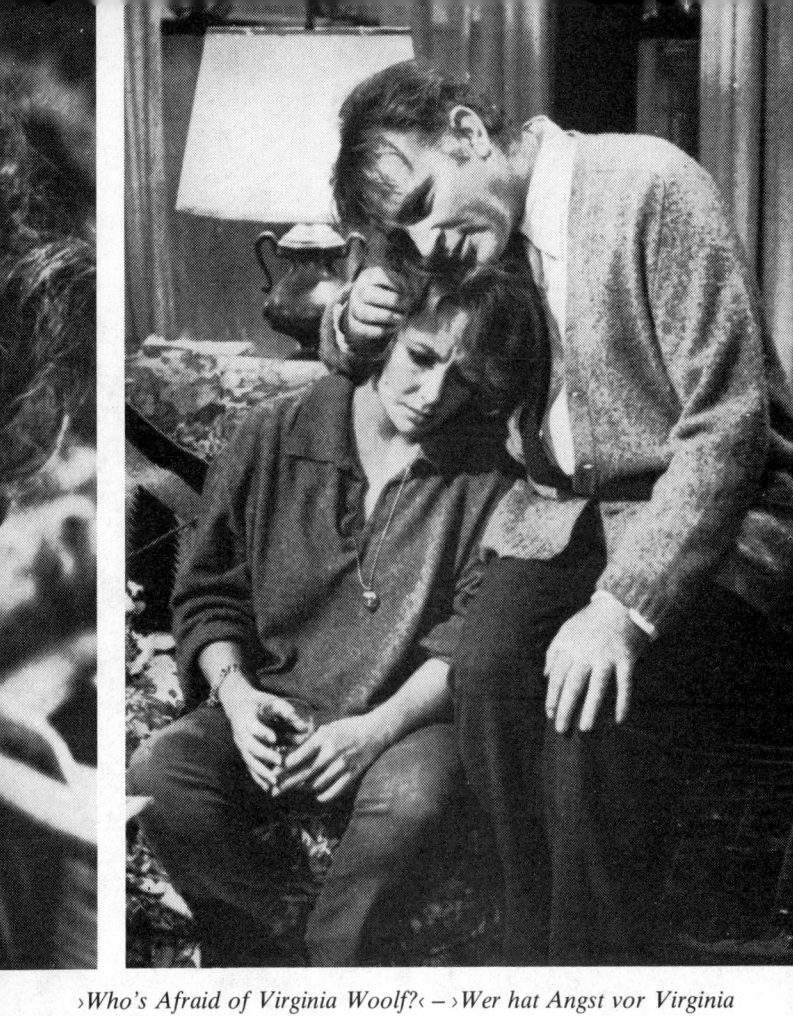

›Who's Afraid of Virginia Woolf?‹ – ›Wer hat Angst vor Virginia Woolf?‹ (1966) mit Richard Burton.

Uta Hagens kreischende Martha zu Arthur Hills unterwürfigem George jemals ja sagen würde, aber im Film ist man überzeugt, daß sich die Taylor unter Burtons ruhige, absolute Autorität beugen und ducken wird.

›Who's Afraid of
Virginia Woolf?‹ –
›Wer hat Angst vor
Virginia Woolf?‹ (1966)
mit Richard Burton,
George Segal
und Sandy Dennis.

Who's Afraid of Virginia Woolf? (›Wer hat Angst vor Virginia Woolf‹) handelt von der Widerspenstigen Zähmung. Von der Altershürde einmal ganz abgesehen, ist diese Rolle der Taylor wie auf den Leib geschneidert. Sie kann darin sowohl ihre kindhafte Ungezogenheit als auch ihre unvermeidliche Verletzbarkeit ausspielen. Als hart gebeutelte Frau, die verbissen um die Rettung ihrer Ehe kämpft, zeigt Martha ganz entschieden Beziehungen zu der Taylor in der Rolle als Maggie die Katze.

Albee bevorzugt klassischen Handlungsaufbau; ein Bühnenbild, keine Zeitpausen. Er betont funkelnden Witz und scharfe Charakterzeichnung. Er macht rein literarisch und symbolisch Gebrauch von einem imaginären Kind, um die Unvollkommenheit der Ehe zwischen Martha und George zu demonstrieren. Das alles gibt dem Stoff ganz zweifellos ein theatralisches Flair. Und doch ist *Who's Afraid of Virginia Woolf?* (›Wer hat Angst vor Virginia Woolf‹) vielleicht der beste Film, in dem Elizabeth Taylor jemals aufgetreten ist. Nichols' Regie sorgt nicht nur für Tempo und Spannung, er vermeidet auch den eingeschränkten, statischen Eindruck eines Prestigestückes, das in ein fremdes Medium übertragen wird. Die straffe Handlung, in kräftigem, kontrastreichem Schwarzweiß gedreht, läuft vor der Kamera in filmischem Rhythmus besser ab als auf der Bühne.

Welche Bedeutung hatte *Who's Afraid of Virginia Woolf?* (›Wer hat Angst vor Virginia Woolf‹) für Elizabeth Taylor? Dieser Film entschädigte für *Cleopatra.* Liz bekam ihren zweiten Oscar; diesmal aber ganz entschieden für das, was sie auf der Leinwand und nicht im Privatleben geleistet hatte. Ihr Erfolg als schlampiges Weibsbild mittleren Alters war gewissermaßen die Inspiration für ihr neues Film-Image. Man hatte sie beschuldigt, Cleopatra in ein Fischweib verwandelt zu haben... und ein solches Fischweib wurde sie nun als Leinwand-Persona. Viele ihrer Darstellungen nach *Who's Afraid of Virginia Woolf?* (›Wer hat Angst vor Virginia Woolf?‹), zum Beispiel *The Taming of the Shrew* (›Der

›Who's Afraid of Virginia Woolf?‹ – ›Wer hat Angst vor Virginia Woolf?‹ (1966); mit Regisseur Mike Nichols während der Proben.

Widerspenstigen Zähmung‹), *Reflections in a Golden Eye* (›Spiegelbild im goldenen Auge‹), *Boom!* (›Brandung‹), *Secret Ceremony* (›Die Frau aus dem Nichts‹), *X, Y and Zee* (›X, Y und Zee‹) und *Hammersmith Is Out* repräsentierten Variationen der Albee-Matrone. *Who's Afraid of Virginia Woolf?* (›Wer hat Angst vor Virginia Woolf?‹) setzte die Taylor-Vulgarität frei und betonte nachdrücklich ihre Qualitäten, die scharfe, spitze Zunge, das Temperament, die Freude an einem guten Kampf.

Nach *Who's Afraid of Virginia Woolf?* (›Wer hat Angst vor Virginia Woolf?‹) war Elizabeth Taylor üblicherweise

›Dr. Faustus‹ – ›Dr. Faustus‹ (1968) mit Richard Burton.

die zerzauste, zänkische Vettel, die bei jeder nur erdenklichen Gelegenheit Sturm heraufbeschwört, die ihrem Appetit (auf Essen und auf Männer) die Zügel schießen läßt, die kein größeres Entzücken kennt, als Beleidigungen mit Angehörigen beiderlei Geschlechts auszutauschen. Die Taylor hatte den Höhepunkt ihrer Karriere erreicht. In ihren Filmen ist sie nicht mehr die unschuldsvolle Naive. Sie ist sehr oft schlampig. Aber sie ist niemals fade oder langweilig. Sie hatte neue Wege entdeckt, um bei ihrem Publikum anzukommen. Seitdem war sie viel freier, als sie es je zuvor gewesen war. Sie war nicht länger die gehorsame, pflichttreue Schülerin von MGM. Sie stand jetzt auf eigenen Füßen. Sie gebrauchte (und mißbrauchte manchmal) die Persönlich-

Links: ›Dr. Faustus‹ – ›Dr. Faustus‹ (1968); als Helena von Troja.
Rechts: ›Anne of the Thousand Days‹ (1970).

keit, die sie schon immer in Reserve gehabt hatte. In den
meisten dieser späteren Filme ist sie eine überreife, überge-
wichtige Frau, die sich aus nichts etwas macht, die aber sehr
viel Spaß zu haben scheint. Sie genoß es, zum wahrscheinlich
erstenmal, eine echte Filmschauspielerin zu sein.

Im großen und ganzen gesehen war die Taylor-Widerspenstige eine glückliche Entwicklung. Wenn sich Stars dem
mittleren Alter nähern oder es überschreiten, wissen viele
von ihnen nicht, wohin sie sich nun wenden sollen. Die Rollen, denen sie es zu verdanken hatten, zu Stars geworden zu
sein, können sie nicht länger spielen. Aber doch sind sie
noch immer nicht dazu bereit, Rollen zu übernehmen, die
ihrem reifen Alter entsprechen. Manchmal werden sie, wie

z. B. Katharine Hepburn und Bette Davis, zu gräßlichen Parodien ihres jüngeren Selbst; sie äffen die Manieriertheit nach, die sie einmal berühmt gemacht hat. Die Davis in *The Anniversary* oder die Hepburn in *The Lion in Winter* bieten stark reduzierte Versionen ihrer früheren Leistungen und verkaufen sich als billige und verzerrte Reproduktionen ehemaligen Könnens. Manche Stars, wie z. B. Debbie Reynolds oder Doris Day, die nicht bereit waren, ihrem Alter gemäße Rollen zu übernehmen, hörten mit der Filmerei ganz auf.

Wer nicht so recht an die Taylor glaubte, neigte zu der Ansicht, daß sie nicht genug Persönlichkeit hatte. Aber *Who's Afraid of Virginia Woolf?* (›Wer hat Angst vor Virginia Woolf‹) befreite die Taylor aus ihren Fesseln. Seitdem hat das Taylor-Image an Substanz gewonnen. Ihre Persönlichkeit kommt klarer zum Durchbruch und strahlt breiter aus. Das Gesamtbild ist heller gefärbt. Das Image hielt aber auch Schritt mit anderen Dingen; mit Veränderungen der Taylor. Sie nahm beachtlich an Gewicht zu. Sie entwickelte eine Vorliebe für grelle, protzige Garderobe (Toreador-Hosen und enorme Moumous), für hochgetürmte Frisuren, für zentimeterdick aufgetragenes Make-up und für Diamanten. Die delikate kleine Mädchen-Frau aus *National Velvet* wurde zu einer großartigen Kupplerin; zu einem Überbleibsel des grellen, farbenprächtigen, tollen Hollywood der Nachkriegszeit.

Es gibt aber auch noch einen erwähnenswerten Umstand, der beinahe ironisch anmutet. Während die Taylor ihre Persönlichkeit entfaltete und ausweitete, während sie neue Zuversicht gewann, während sie zum erstenmal so etwas wie eine spektakuläre Persönlichkeit schuf, wie legendäre Filmstars sie haben sollten, war ihr Erfolg als großer Kassenschlager viel weniger stabil. Bis zu *Who's Afraid of Virginia*

›The Comedians‹ – ›Die Stunde der Komödianten‹ (1967); als Martha Pinada.

›The Only Game in Town‹ – ›Das einzige Spiel in der Stadt‹ (1970) mit Warren Beatty.

Woolf? (›Wer hat Angst vor Virginia Woolf?‹) hatte die Taylor von sich behaupten können, niemals an einem Film mitgewirkt zu haben, der in finanzieller Hinsicht ein Verlustgeschäft gewesen war. Aber nach *Who's Afraid of Virginia Woolf?* (›Wer hat Angst vor Virginia Woolf?‹) garantierte der Name Elizabeth Taylor über dem Filmtitel kei-

Vorhergehende Doppelseite: ›The Comedians‹ – ›Die Stunde der Komödianten‹ (1967) mit Richard Burton, James Earl Jones, Alec Guinness und Peter Ustinov.

›The Only Game in Town‹ – ›Das einzige Spiel in der Stadt‹ (1970) mit Warren Beatty.

neswegs mehr das Einspielen des investierten Kapitals. Sie wurde eher so etwas wie ein Clique- oder Klüngel-Star, der ein Taylor-Stück für seine kichernden, glucksenden Fans machte.

In *The Taming of the Shrew* (›Der Widerspenstigen Zähmung‹), *The Comedians* (›Die Stunde der Komödianten‹) und *Reflections in a Golden Eye* (›Spiegelbild im goldenen Auge‹) ist die Taylor immer noch ein zugkräftiger Star, der in Prestigefilmen auftritt. Der eigentliche Verlust an Popularität setzte 1968 ein, und zwar mit *Boom!* (›Brandung‹) und *Secret Ceremony* (›Die Frau aus dem Nichts‹). In diesen beiden Filmen und in *X, Y and Zee* (›X, Y und Zee‹) und *Hammersmith Is Out* wird die Taylor immer spitzfindiger, immer manierierter, läßt sie sich immer mehr gehen. Die Filme selbst wurden zu schiefen, einseitigen Kuriositäten. Sie suchte sich wenig kommerzielle Stoffe aus; niemand konnte jemals geglaubt haben, daß *Secret Ceremony* (›Die Frau aus dem Nichts‹) oder *Hammersmith Is Out* Geld einbringen würden. So war Elizabeth Taylor nicht länger der Star, der eine Million verlangen konnte. Sie war out. Geschworene Elizabethaner waren zwar immer noch von ihr entzückt und begeistert, aber das Massenpublikum, das zu *Cat on a Hot Tin Roof* (›Die Katze auf dem heißen Blechdach‹), *Butterfield 8* (›Telefon Butterfield 8‹) oder *Cleopatra* nur so geströmt war und die Kassen gefüllt hatte, blieb aus. Man war an der dicken, mit protzigen Diamanten übersäten Lady, die verdrehte Filme machte, nicht mehr so interessiert.

Mit Ausnahme von *Hammersmith Is Out,* einem Film, der wirklich nur als Kitsch zu bezeichnen ist, haben alle anderen Filme, in denen die Taylor ihre Clownerien trieb, allerhand Vorzüge aufzuweisen. So basierte das Drehbuch für *The Comedians* (›Die Stunde der Komödianten‹) auf einem Roman von Graham Greene. *Reflections in a Golden Eye* (›Spiegelbild im goldenen Auge‹) unter der Regie von John Huston basierte auf der glänzenden Novelle von Carson McCullers. Bei *Boom!* (›Brandung‹) und *Secret Ceremony* (›Die Frau aus dem Nichts‹) führte Joseph Losey Regie. *Boom!* (›Brandung‹) basierte auf Tennessee Williams' Stück *The Milk Train Doesn't Stop Here Any More.* Bei dem Film *The Only Game in Town* (›Das einzige Spiel in der Stadt‹) arbeiteten Elizabeth Taylor und George Stevens wieder einmal zusammen; der Film basierte auf einem Stück von Frank D. Gilroy, der für *The Subject was Roses* den Pulitzer-Preis bekommen hatte. Und obwohl *X, Y and Zee* (›X, Y und Zee‹) miserabel war, so wurde das Drehbuch von Edna O'Brien geschrieben, einer hochgeachteten Romanautorin.

*›Reflections in a Golden Eye‹ – ›Spiegelbild im goldenen Auge‹
(1967) mit Marlon Brando.*

The Taming of the Shrew (›Der Widerspenstigen Zähmung‹), *Reflections in a Golden Eye* (›Spiegelbild im goldenen Auge‹) und *The Comedians* (›Die Stunde der Komödianten‹) liefen mit bescheidenem Erfolg. *Boom!* (›Brandung‹) und *Secret Ceremony* (›Die Frau aus dem Nichts‹)
waren überall (mit Ausnahme von Frankreich, wo Joseph

›Reflections in a Golden Eye‹ – ›Spiegelbild im goldenen Auge‹ (1967) mit Julie Harris.

Losey ein angesehener Mann ist) ein glatter Mißerfolg. *The Only Game in Town* (›Das einzige Spiel in der Stadt‹) hatte in kleinen Filmtheatern von New York Premiere. Seit *The Girl Who Had Everything* war es das erstemal, daß ein Taylor-Film derartig unauffällig vorgestellt wurde. *X, Y and Zee* (›X, Y und Zee‹) wurde als eine Art Comeback-Film betrachtet, aber die Kassenschalter außerhalb der Großstädte wurden kaum belagert. *Hammersmith Is Out* wurde so gut wie gar nicht verliehen.

Die Burtons machten außerdem zwei Filme einzig und allein um der Kunst willen; von *Dr. Faustus* oder *Under Milk*

Wood (›Unter dem Milchwald‹) erwarteten sie niemals einen Gewinn, und sie bekamen auch keinen.

Einige dieser Filme brachten nichts ein. Alle Filme waren kommerzielle Enttäuschungen. Aber in allen Filmen blühte die Taylor auf, wenn schon nicht als ernsthafte Schauspielerin, so aber doch als Leinwandpersönlichkeit. Als Kupplerin, als Widerspenstige, als Schauspielerin, die ihre Manieriertheit übertrieb und ihre Feminität zur Burleske machte, war sie sehr nett anzuschauen.

Nur zweimal wich sie von ihrer neuen Schablone ab, und nur in diesen Filmen, *The Comedians* (›Die Stunde der Komödianten‹) und *The Only Game in Town* (›Das einzige Spiel in der Stadt‹), ist sie glanzlos und matt.

Ihre Auftritte in *Dr. Faustus* und *Under Milk Wood* (›Unter dem Milchwald‹) zählen kaum. In Richard Burtons gründlich verfehlter und Walt-Disney-gefärbter Version von Marlowes Tragödie spielt Liz die Helena von Troja und eine Anzahl weiterer hochklassiger historischer Damen. Sie hat keine Dialoge, aber sie tritt zeitweilig in lächerlich übertriebener Kleidung auf. Jede ihrer Gesten deutet darauf hin, daß Liz in der jeweiligen Rolle alles andere als von königlichem Geblüt ist. In *Under Milk Wood* (›Unter dem Milchwald‹) spielt sie die Stadthure und wälzt sich mit Peter O'Toole im Bett herum; sie ist eine üppige Verkörperung von Dylan Thomas' Sinnlichkeit, und ihr lispelnder walisischer Akzent hört sich nett an.

In *The Comedians* (›Die Stunde der Komödianten‹, 1967) steht sie nur so am Rand herum und ist beinahe so gut wie unbeschäftigt; sie wirkt eintönig und hat keine Ausstrahlung. (Nicht einmal der Versuch mit deutschem Akzent vermochte daran etwas zu ändern.) Als Geliebte eines Mannes, der – für Graham Greene typisch – vollkommen ausgebrannt ist, gehört sie nur ganz zufällig in die politische Intrige. Als ruhelose Frau eines Gesandten, Mutter eines jammernden Kindes und Geliebte eines Mannes, der nur noch eine ausgehöhlte Muschel ist, hat sie keinen wirklichen Cha-

›Reflections in a Golden Eye‹ – ›Spiegelbild im goldenen Auge‹
(1967) mit Marlon Brando.

›The Taming of the Shrew‹ – ›Der Widerspenstigen Zähmung‹ (1967); als Kate.

rakter darzustellen. Dazu gibt man ihr gar keine Gelegenheit. Sie ist nichts weiter als eine weitere Taylor-Frau, die Pech in der Liebe hat. Überraschenderweise sind die allzu häufigen Liebesszenen mit Burton die unbeholfensten Darstellungen ihrer gesamten Karriere. In diesem Film küßt sie nicht einmal sonderlich gut. Wenn die Burtons auftreten, stehen sie sich gegenseitig im Wege. *Newsweek* behauptete: »Von ihnen abgesehen, falls es außer oder neben ihnen überhaupt etwas geben kann, hätte *The Comedians* (›Die Stunde der Komödianten‹) vielleicht ein ganz guter Film werden können!«

Graham Greenes Roman, in dem ein Ehebruch mit der Diktatur auf Papa Doc Duvaliers Haiti vermengt wird, ist ohnehin nicht sehr gut. Er liest sich wie ein Politik-Romanze-Thriller. Die politische Intrige in exotischer Umgebung ist recht interessant, aber Elizabeth Taylors Dialog ist scheußlich. »Mein Lieber, so quäle dich doch nicht selbst!« Oder: »Manchmal glaube ich, daß es nicht so mit uns weitergehen kann wie jetzt.«

Als Besitzer eines baufälligen Hotels, der unfreiwillig in revolutionäre Umtriebe verwickelt wird, wirkt Burton durchaus vernünftig und glaubwürdig. Auch seine Szenen mit Alec Guinness als falschem Colonel und Glücksritter und Paul Ford und Lillian Gish als zwei unmöglich unschuldigen Amerikanern, die nur Gutes tun wollen, weisen ansprechendes, scharfes Profil auf.

In *The Only Game in Town* (›Das einzige Spiel in der Stadt‹) hat die Taylor zwar mehr zu tun, aber glücklicher ist sie deswegen auch nicht. In diesem 1970 entstandenen Film wird sie nicht ihrem Typ entsprechend eingesetzt; sie spielt nämlich eine ihrer seltenen Rollen als Mädchen der Arbeiterklasse. Sie ist Tänzerin in Las Vegas, lebt in einer kleinen Wohnung und sieht sich spät nachts alte Filme im Fernsehen

›*The Taming of the Shrew*‹ − ›*Der Widerspenstigen Zähmung*‹ (1967) mit Richard Burton.

an. Diese Umgebung bekommt der Taylor nicht. Wir haben schon zuviel über Diamanten und Jachten und Hauspersonal gehört, um ihr ein Leben in so bescheidenen Umständen zu glauben.

Der *Morning Telegraph* stellte ziemlich scharfsinnig fest: ›Big Liz kann ihrer Wirklichkeit nicht entrinnen… und wir können es auch nicht. Es hätte eine großartige Idee gewesen sein können, sie für diese Rolle zu engagieren. Man stelle sich Elizabeth Taylor einmal als einsames, glückloses Mädchen vor! Wie ironisch das alles anmuten müßte! Aber dieser Szeneriewechsel ist nicht ironisch, sondern schwachsinnig, denn Elizabeth Taylor ist niemals etwas anderes als Big Liz. Für sie ist die Rolle der Fran (wie klingt das als einfacher, alltäglicher Name?) eine lebende Lüge; beinahe eine Verhöhnung all der Leute, die es im Leben niemals zu etwas Rechtem bringen.‹

Frank D. Gilroys dürftiges, sentimentales Script ist ziemlich schlecht. Ein Mädchen lernt einen Burschen (Warren Beatty) kennen. Die beiden gehen zusammen ins Bett. Sie trennen sich. Sie kommen wieder zusammen. Er hat ein Spielproblem. Sie ist mit einem älteren, verheirateten Mann verlobt, der ihr ständig verspricht, sich scheiden zu lassen. Der Spieler ist ein Schürzenjäger. Aalglatt und gerissen bahnt er sich den Weg ins Bett eines Mädchens und in ihr Herz.

In einer leichtgewichtigen, romantischen Komödie wie dieser ist Charme alles. Warren Beatty als Spieler hat ihn; Liz als einsames, geschundenes Mädchen in fortgeschrittenem Alter hat ihn nicht. Ihr privates Image arbeitet gegen diese Rolle. Dagegen arbeitet Beattys Image als wankelmütiger Liebhaber des Mädchens für seine Darstellung. Trotzdem gibt Liz sich wirklich alle Mühe; sie versucht es wenigstens.

Pauline Kael sagte in *The New Yorker:* ›Sie hat zweifellos einen gewissen Liebreiz und trotz ihres unansehnlichen Äußeren so etwas wie rührende Zerbrechlichkeit. Wie so viele

›The Taming of the Shrew‹ – ›Der Widerspenstigen Zähmung‹
(1967) mit Richard Burton.

weibliche Stars einer früheren Ära beginnt sie mit zuneh-
mendem Alter eine ansprechende Aura der Hilflosigkeit
auszustrahlen.‹

Aber für eine solche Rolle war Elizabeth Taylor nun wirklich zu alt, viel zu schwer und schwerfällig, viel zu matronen-
haft. Man konnte ihr einfach nicht mehr abkaufen, daß sie
als Tanzmädchen die Beine schwingt, um sich damit ihren
mehr als dürftigen Lebensunterhalt zu verdienen.

Beatty verwandelt den Stoff; er läßt ihn schärfer und heller erscheinen, als er tatsächlich ist. Sein kesser, frecher
Charme, sein geschicktes Komik-Timing, seine leicht ver-
führerische Stimme bringen diese Wandlung zustande.
Wenn die Taylor auf Beattys leichten Stil eingeht, ist sie gut
und wirkt erfreulich. Aber wenn sie anfängt, weinerlich zu
werden, und wenn Stevens sie sogar noch dazu ermuntert,

sich als dramatische Schauspielerin zu gebärden, zu stammeln und zu blinzeln und hilflose Handbewegungen zu machen, dann verpatzt und verfälscht sie die Rolle.

Als unbeteiligte Ehefrau des Gesandten oder als schlichte Frau gibt es bei der Taylor nicht viel zu sehen, aber ihre sechs Rollen als Schlampe oder Kupplerin in *The Taming of the Shrew* (›Der Widerspenstigen Zähmung‹), *Reflections in a Golden Eye* (›Spiegelbild im goldenen Auge‹), *Boom!* (›Brandung‹), *Secret Ceremony* (›Die Frau aus dem Nichts‹), *X, Y and Zee* (›X, Y und Zee‹) und *Hammersmith Is Out* waren spektakulär, obwohl nicht immer sehr diszipliniert.

In dieser späten Rokoko-Phase ihrer Karriere stach *Reflections in a Golden Eye* (›Spiegelbild im goldenen Auge‹) von den übrigen Filmen ab. Hier erinnert ihre Darstellung eher an die Southern Belles der 50er Jahre als an die Taylor-Widerspenstige nach *Who's Afraid of Virginia Woolf?* (›Wer hat Angst vor Virginia Woolf?‹). Sie spielt eine leichtfertige Dame, die sich einen Geliebten zulegt, weil ihr Ehemann anderweitig interessiert ist. Diese Rolle ist eine drollige Mischung aus Taylor-Grausamkeit (sie verhöhnt ihren Mann) und Taylor-Sanftmut (sie ist mitfühlend-verständnisvoll gegenüber ihrem Geliebten, der mit einer psychotischen Ehefrau belastet ist).

Den Typ einer Southern-Spitfire hat sie früher auch schon gespielt; es handelt sich um eine Kind-Frau, die dem Sex verfallen ist. Bedeutsamerweise appellierte diese Rolle an die im Grunde genommene geistig gesunde Taylor, denn sie und ihr Liebhaber (Brian Keith) sind die einzigen sexuell angepaßten Darsteller in einem Armeeposten, in dem es ansonsten nur so von Carson McCullers halbirren Typen wimmelt. Elizabeth Taylors Ehemann (Marlon Brando) ist

Rechts: ›Boom!‹ – ›Brandung‹ (1968); als Mrs. Flora Goforth.

Vorhergehende Doppelseite: ›Boom!‹ – ›Brandung‹ (1968) mit Richard Burton.

ein schuldgeplagter Homosexueller. Er verbringt seine Zeit damit, sich körperlich fit zu halten… und mit einem Soldaten, der nackt auf einem Pferd reitet und seine sexuellen Spannungen loswird, wenn er heimlich am Fußende des Taylor-Bettes sitzen kann. Brian Keiths Ehefrau (Julie Harris) verbringt ihre Zeit damit, Fantasien mit einem verweichlichten Filipino-Hausboy zu spinnen.

Keith und die Taylor sind die ›Normalen‹ und stehen abseits von der aufgestauten, quälenden Sexualität der anderen.

Dieser üppige Southern Gothic wurde ursprünglich in einer gefärbten Version gezeigt, die alle Farbe unterdrückte und sich mit goldenem Monochrome begnügte. Der Film fand nicht die Aufmerksamkeit, die er eigentlich verdient gehabt hätte. Den Zuschauern kam alles zu fremd vor. Mit Ausnahme von Keith und der Taylor waren alle übrigen Darsteller zu seltsam, um die Fantasie der Massen zu beflügeln. Auch wenn ihre eigene Darstellung nicht die überladene Färbung ihrer Rollen in *Boom!* (›Brandung‹) oder *Hammersmith Is Out* aufweist, so ist *Reflections in a Golden Eye* (›Spiegelbild im goldenen Auge‹) doch der erste dieser tragischen Filme, in denen die Taylor nicht mehr der Mittelpunkt ist.

Der Film entstand unter der Regie von John Huston und wirkt unterspielt, obwohl der Regisseur sich geschickt McCullers' kühlem, ironischem Tonfall nähert. Elizabeth Taylors Rolle als Leonora Penderton ist eine Karikatur (eine Beinahe-Parodie auf ihre Williams-Belles). Aber sie ist niemals laut. Sie paßt sich der in leisen Tönen gehaltenen Spannung des Films an und arbeitet sehr still und ruhig. Wir fangen oft vereinzelte Worte und Sätze ihres unaufhörlichen Geplappers auf; wir hören im Hintergrund ihr mädchenhaftes Lachen oder heiseres Kichern. Sie hat eine mehr dekorative als zentrale Rolle, aber die Taylor ist sowohl amüsant als auch garstig und ungezogen. In ihrer Darstellung vermengen sich Taylor-Lachen und Taylor-Hohn. In ihrer char-

›Secret Ceremony‹ – ›Die Frau aus dem Nichts‹ (1968) mit Mia Farrow.

mantesten Szene beschreibt sie atemlos die Erfrischungen für ihre Offiziersparty; das tut sie so detailliert, daß einem dabei das Wasser im Mund zusammenläuft.

Ihre wenigen Szenen mit Brando (eine großartige, unangekündigte Darstellung) knistern nur so von sexuellem Widerstreit. Die beiden passen überhaupt nicht zueinander. Er ist ein introvertierter Intellektueller, während sie unbesonnen und albern ist. Als sie abgewiesen wird, schlägt sie zurück. Die Taylor verhöhnt den Major auf unverschämteste Art und Weise. Sie übertreibt die Rolle eines vulgären Frauenzimmers und beleidigt damit die prüde Moral des Offiziers. Sie singt in höchsten Tönen das Loblied der Schönheit. Als er die Reinheit des Lebens von Männern unter Männern beschreibt, läßt die Taylor als ewig ausgeschlossene Frau Blicke sprühen, die töten könnten. Diese gemeinsamen Szenen, gewürzt durch bittere Anspielungen und deftigen

Sarkasmus, sind von einer Elektrizität, die von Burton und der Taylor nicht immer erreicht werden konnten.

Die Rolle der Taylor als albernes Frauenzimmer in einer Darstellung mit niedrigem Profil, noch dazu in einem ziemlich niveaulosen Film, ist nur eine Andeutung der Rollen, die sie in *The Taming of the Shrew* (›Der Widerspenstigen Zähmung‹), *Boom!* (›Brandung‹), *Secret Ceremony* (›Die Frau aus dem Nichts‹), *X, Y and Zee* (›X, Y, und Z‹) und *Hammersmith Is Out* beisteuert.

In ihrer Rolle als Kate in Shakespeares Komödie (1967) spielt die Taylor zum erstenmal seit *Who's Afraid of Virginia Woolf?* (›Wer hat Angst vor Virginia Woolf?‹) eine *harpie*. In einem Interview über den Film sagte die Taylor: »Die Shakespeare-Widerspenstige unterscheidet sich total von der Rolle bei Albee.« Aber ihre Beschreibung der Kate ist auch eine treffende Beschreibung ihrer Martha. »Sie ist ein wildes, kleines Tier, das eingefangen werden möchte. Sie befindet sich die ganze Zeit in wahnwitziger Abwehrstellung. Sie ist das ewig Weibliche. Sie möchte einwilligen und nachgeben, weiß aber nicht, wie. Sie vergöttert Petruchio, aber man weiß, daß sie sich niemals zähmen lassen wird. Am Ende weiß man, daß die beiden ein wildes Leben führen und sich dabei trotzdem prächtig amüsieren werden.«

Ihre Kate ist also – genau wie ihre Martha – ein weiteres Beispiel für Kunst, die das Leben nachahmt.

In beiden Filmen spielen die Burtons diese Art eherner Romanze aus, die ihnen das Publikum schon immer zugetraut hatte.

Liz vertraute David Frost an: »Ein guter Streit ist die beste Übung für eheliches Beisammensein!«

Shakespeares Stück folgte Albees Film. Die Burtons schreien sich an, sind kratzbürstig wie eh und je, schneiden Grimassen und lassen die lebhafte Show wieder aufleben,

›Secret Ceremony‹ – ›Die Frau aus dem Nichts‹ (1968) mit Mia Farrow.

166

die sie schon in *Who's Afraid of Virginia Woolf?* (›Wer hat Angst vor Virginia Woolf?‹) so vollendet abgezogen hatten. Sie dienten und bedienten Shakespeare genauso flott und forsch, wie sie es schon bei Albee getan hatten. Ihre *Widerspenstige* ist die erfreulichste Shakespeare-Version, die jemals im Film gezeigt wurde; eine Nonstop-Balgerei, die zwar Texte und Charaktere vom Original trennt, aber trotzdem deren lebhaftes Temperament, deren witzigen Geist und deren sexuelle Klugheit beibehält.

Zeffirellis *mise-en-scène* ist wundervoll deftig. Die Nebendarsteller sind sehr agil. Und im Mittelpunkt stehen die Burtons, die (zur damaligen Zeit) beliebtesten Filmstars der Welt; sie beweisen in diesem Film wieder einmal, daß sie ihre De-Luxe-Verpackung wert sind.

Burton hat es mit dem Shakespeare-Versmaß leichter, aber die Taylor eifert ihm energisch nach, auch wenn sie ihren Text nicht ganz so kultiviert und gepflegt hersagen kann.

Gemeinsam liefern sie uns eine königliche Schlacht, ›eine herzhafte Salve im Krieg zwischen den Geschlechtern‹.

In *Time* hieß es dazu: ›Die Taylor macht Kate ›zur idealen Kupplerin von Avon‹.‹

Die Darstellung hat Format. Die Taylor führt Kate geschickt vom kessen Mädchen, vom Racker, zur Matrone. Am Anfang entwickelt sie ausschließlich animalisches Temperament; sie ist ungestüm und zügellos. Sie ist der Typ des ungezähmten Mädchens, das die feste Hand eines resoluten Mannes braucht, der sie zu schätzen weiß und dementsprechend in Schach hält. Als Petruchio mit ihr fertig ist, hat sie sich beruhigt und in die Gesellschaft eingefügt. Als Mitglied der Gemeinschaft zeigt sie nun schickliches Benehmen und rezitiert pflichtgemäß ihre Ode an den männlichen Mann.

Ein Jahr später war die Taylor in *Boom!* (›Brandung‹, 1968) abermals eine andere Version der Höllenkatze. Aber

›X, Y and Zee‹ – ›X, Y und Zee‹ (1972); als Zee.

diesmal kauften Kritiker und Publikum ihr die Vaudeville-Routine nicht mehr ab.

Der Film basierte auf Tennessee Williams' Stück. Der Film ist prächtig anzuschauen (eine rosa Villa am Mittelmeer blickt auf die Burtons herab), aber der dramatische Konflikt ist minimal.

Eine alternde, wollüstige Frau wird von einem jungen, mystischen Mann umworben und ›gerettet‹, der am Mittelmeer den Ruf genießt, reiche alte Damen an der Schwelle des Todes zu besuchen. Eine typische Williams-Fantasie; darin werden Sex, Tod und Transzendenz miteinander verquickt. Der Film ist noch weniger klar durchschaubar als die ursprüngliche Quelle. Für alle, die mit Williams nicht vertraut sind, gibt der Film *Boom!* (›Brandung‹) nicht viel Sinn.

Als die reichste Dame der Welt, eine ehemalige Follies-Queen, die bereits zahlreiche Ehen und Affären hinter sich hat und nun an Tuberkulose sterben wird, ist Liz noch viel zu ›saftig‹ und robust, vor allem aber noch viel zu jung. (Die Rolle wurde übrigens – nicht gerade sehr schmeichelhaft – für Tallulah Bankhead geschrieben und entsprechend zugeschnitten; Tallulah hat sie sogar bei der zweiten Broadway-Inszenierung gespielt.) Aber von Aussehen und Alter einmal abgesehen, amüsiert sich Liz als Tallulah ungemein. Die Vulgarität und herrische Stupidität der von Liz dargestellten Person machen ihr offenbar riesigen Spaß. Sie legt eine wirklich großartige Show hin. Sie kreuzt die Klingen mit Noel Coward, während sie versucht, das Essen für ihren Hausgast zu bestellen. Sie rezitiert blumige Williams-Monologe über katastrophale Ehen. Sie ist – was sie ja früher auch schon bewiesen hat – eine lebhafte Williams-Schauspielerin.

Aber hier in ihrer Rokoko-Phase prallte die Taylor mit Williams in dessen Rokoko-Phase zusammen. Beide hatten ihre Glanzzeit hinter sich. Das Stück markierte für Williams den Anfang seiner nachlassenden Popularität, und für die Taylor stellte diese Rolle den Beginn ihres eigenen Abstiegs dar.

170

›X, Y and Zee‹ – ›X, Y und Zee‹ (1972) mit Michael Caine.

Joseph Losey, ein Regisseur, der für seine *mise-en-scène* und vor allem für seine Vorliebe für Häuser – *The Servant, Secret Ceremony* (›Die Frau aus dem Nichts‹) – bekannt ist, legt mehr Wert auf Hintergrund als auf Vordergrund. Er gab der Taylor nicht die disziplinierte Regie, die sie nun mal braucht. Im Gegensatz zu ihrer Rolle in *Who's Afraid of Virginia Woolf?* (›Wer hat Angst vor Virginia Woolf?‹)

mangelt es ihrer Darstellung hier an Nuancen. Schwadro-
nierend und höhnisch beginnt sie mit ungezügelter Über-
schwenglichkeit ihren Versuch, der Welt schönste Nachfol-
gerin von Tallulah zu werden.

Aber wie kitschig auch immer sie sein mochte, so war sie
doch noch viel besser als Burton, der als Chris Flanders eine
grausame Fehlbesetzung war, ein Williams-Engel der Gna-
de, der für die reiche, nervöse alte Frau den Übergang vom
Leben zum Tod besänftigend ebnen soll. Williams hatte sich
diesen Darsteller als jungen, goldigen Adonis gedacht, eine
quälende Mischung aus Unschuld und Welterfahrenheit.
Für eine solche Rolle wäre Burton wohl für niemanden die
erste Wahl gewesen. Tab Hunter, der sie gegen Tallulah
spielte, war da viel geeigneter.

Der Vaudeville-Einschlag der Taylor trat in *Secret Ceremony* (›Die Frau aus dem Nichts‹, 1968) in ganz anderem
Zusammenhang in Erscheinung. Hier ist sie eine müde, billige Prostituierte. Liz drückte es mit der für sie typischen Fi-
nesse so aus: »In diesem Film spiele ich eine Prostituierte.«
Und in der Tat... zum erstenmal in ihrer Karriere spielt sie
eine Rolle, in der sie Männer nicht mag. Sie spielt eine Frau,
die vom Leben als Straßendirne gezeichnet und geschunden
ist. So ist sie dazu gekommen, in allen Männern ihre natürli-
chen Feinde zu sehen. Dieser Film ist ein Dreiecksverhältnis
mit gewisser Umkehrung: Liz kämpft mit einem stämmigen
Robert Mitchum um den Besitz von Mia Farrow, die so etwas wie herrenloses Strandgut darstellt.

Als Psycho-Thriller in Pirandelli-Schablone beschreibt
der Film die Fantasiewelt eines jungen Mädchens und der
älteren Prostituierten. Das Mädchen hält die Taylor für
seine Mutter, und die Taylor bringt das Mädchen in ihr ehemals so glänzendes, jetzt aber schon leicht heruntergekom-
menes Stadthaus in London. Die beiden so ungleichen
Frauen kapseln sich von der Außenwelt ab und spielen eine
›geheime Zeremonie‹; darin vermengen sich Fantasie und
Wirklichkeit. Die Taylor ist nur allzu gern bereit, ihre Rolle

›Hammersmith is Out‹ – ›Hammersmith is Out‹ (1973) mit Beau Bridges.

als Straßendirne mit der Rolle der reichen Mama des ver-
rückten Mädchens zu vertauschen.

Secret Ceremony (›Die Frau aus dem Nichts‹) ist ein trü-
ber, gekünstelter Film und weit, unendlich weit entfernt von
der MGM-Alltagsware, ehemals das Rückgrat der Taylor-
Karriere. Ihre Rolle ist heikel und komplex. Aus der abge-
takelten Nutte muß eine *grande dame* werden. Angesichts
eines Wirbels aus Illusion und Realität benutzt die Taylor
ihre *Virginia Woolf*-Nummer für eine Rolle, die viel subti-
lere Nuancen erfordert.

›Divorce His/Divorce Hers‹ – ›Seine Scheidung/Ihre Scheidung‹ (1973); ein Fernsehspiel mit Richard Burton.

Roger Greenspun kommentierte in *The New York Times:* ›Daß sie fast jede Zeile ihres Textes falsch liest, grenzt schon beinahe an Erhabenheit!‹

Der Film war alles andere als ein Triumph. Die Rolle verstieß gegen die Taylor-Stereotype. Aber Liz war nicht elastisch genug, um ihr neugefundenes Image zu überschreiten.

Als *X, Y and Zee* (›X, Y und Zee‹) und *Hammersmith Is Out* entstanden, kam es darauf nicht mehr an. Beide Filme hatten an sich keine andere Bedeutung, als der Taylor-Persona Gelegenheit zu geben, in der Rolle eines Skandalweibes aufzutreten.

In *X, Y and Zee* (›X, Y und Zee‹) ist die Taylor die dunkle Heroine, eine leidenschaftliche Frau, die sich plärrenden Rock anhört. Susannah York ist die blonde Heroine mit den feuchten Augen; ein prüdes Dekorum, das sich anspruchsvolle klassische Musik anhört. Michael Caine ist der Mann dazwischen. Der Wettstreit ist für die Taylor als liederliches Eheweib eines fremdgehenden Mannes nur ein Vorwand, wieder einmal in dieser Vulgarität zu schwelgen, an der sie solchen Spaß hat. Genau wie Maggie die Katze, so ist auch Liz-Zee entschlossen, den Mann, auf den sie es abgesehen hat, in ihre Netze zu locken und zu umgarnen. Zu diesem Zweck geht sie sogar so weit, ihre Rivalin zu verführen.

Aber Liz umarmt Susannah schrecklich zaghaft; es fehlt das Temperament, wie die Taylor es gegenüber Lassie oder Paul Newman oder Montgomery Clift ausgespielt hat.

Der Film ist lärmende, hohle Konfektion; ein klägliches Rührstück. Für ihre Fans sind diese zwei Stunden, die Liz damit verbringt, auf der Leinwand ihr Unwesen zu treiben, vielleicht ein Geschenk; das Taylor-Image als Sex-Göttin wird auf gutmütige Art aufpoliert.

Pauline Kael deutete an, daß dieser Film das Auslaufen der Taylor-Ära ankündigte. ›Eine weltberühmte Frau verändert ihren Status. Ich glaube, daß sie sich jetzt mit ihrem Publikum auf einer gleichmacherischeren Ebene in Verbindung setzen will. Ihr Bereich in darstellerischer Hinsicht ist sogar noch kleiner geworden. Ihre schauspielerischen Mittel reichen nicht aus, um mit der Rolle einer gekränkten, verletzten, geschundenen Frau fertig zu werden. Sie muß aktiv sein, keß, frech und unverschämt. Am besten ist sie immer noch, wenn sie ihre Gabe für Nachahmung und Anpassung und für Filmkolonie-Schlamperei ausrollen läßt… Die alternde Schönheit hat in sich einen zügellosen Geist entdeckt, der zwei sehr gute Darsteller glatt von der Leinwand fegt… Sie ist Beverly Hills Chaucerian, und das ist wohl so hoch und so tief, wie man überhaupt nur steigen und fallen kann.‹

Hammersmith Is Out (1973) ist der dümmste und wirrste Film, den die Taylor jemals gemacht hat. *Hammersmith*... das sind die Burtons auf Urlaub. Beide Stars haben den Höhepunkt ihrer Karriere bereits leicht überschritten. Jetzt machen sie für ihre Fans einen Film fürs Heimkino. In diesem Film parodieren sie sich gutmütig und doch gebieterisch selbst. (Ein Beispiel: Als sie versuchen, in einem Drive-in ein Auto zu klauen, lauschen sie aufmerksam einem schaumigen Dialog aus einem Cleopatra-ähnlichen Epos.)

Liz, diesmal mit struppiger blonder Perücke, spielt eine Serviererin in einer Raststätte. Die Dame, eine Cartoon-Figur namens Jimmie Jean Jackson, ist auf Geld aus und hat es auf Billy Breedlove (Beau Bridges) abgesehen, einen Wärter der lokalen Klapsmühle, dem vom Star-Insassen Hammersmith (Burton) Macht und Reichtum versprochen wird. Der Film ist eine moderne Ableitung vom Faust-Mythos. Billy Breedlove ist der ewige Frager, Hammersmith der ölige Mephistopheles. Jimmie Jean bleibt bei den Männern und kommt bald in der Welt voran. Es dauert nicht lange, da verkehrt die Kellnerin vom Lande freundschaftlich mit internationalem Königtum.

»Herrje... wir könnten jetzt sogar Dinge haben, die wir gar nicht haben wollen! Wumm!« plappert Liz in Erwartung der großen Schätze, die Hammersmith versprochen hat.

Die Burtons haben offenbar ihren Spaß daran, sich über ihren eigenen Ruf als vulgäre Big Spenders zu mokieren; die Diamanten und Jachten gaukeln am Rand des Filmes herum. Liz parodiert einige Stationen ihrer Karriere.

Jimmie Jean ist wieder einmal eine Taylor-Frau, die im Weg steht und viel Mühe hat, ihren Mann festzuhalten. (Der Hillbilly-Schwachsinnige wird ihrer überdrüssig; wahrscheinlich wohl deshalb, weil sie so hohl und leer ist; und so bekommt sie ein Kind vom Teufel.)

Liz ist sich niemals einer Rolle so wenig sicher gewesen. Sie geht beinahe von Szene zu Szene anders an ihre Aufgabe heran. Mal hat sie Southern-Akzent, dann wieder nicht. Mal

›Night Watch‹ – ›Die Nacht der tausend Augen‹ (1973) mit Laurence Harvey.

ist sie wirklich ausgesprochen dumm, dann wieder eine kluge Frau, die all ihren Reichtum dafür hergeben würde, Mutter zu werden. Sie stammelt. Sie blinzelt. Sie läßt die berühmten veilchenblauen Augen blitzen. Sie jagt praktisch durch das gesamte Taylor-Repertoire. Sie kichert albern; sie lacht schallend. Sie spottet, schmollt, grinst und runzelt die Stirn. Sie ist leicht zu verletzen, kratzbürstig, feminin. Und sie ist zupackend... sowohl hart als auch weich.

Kurzum… es ist die Taylor-Show, diesmal aber grob-
schlächtig serviert! Alles kreuz und quer durcheinander.

»Sag doch mal was Schmutziges!« bettelt ein dicker
Mann, als beide auf einem enormen Bett ausgestreckt sind.

»Pippi!« quiekt sie und fügt nach einer Kunstpause hinzu:
»Ich bin die größte Mutter von allen!« Dabei packt sie ihren
Bauch, als wäre sie soeben angeschossen worden. Dieser
Film mit seinen schrillen, abscheulichen Mißtönen ist eine
schwarze Komödie, offenbar dazu bestimmt, die inzwischen
lederartig hart gewordene Haut der Taylor zu kitzeln.

Himmelweit von den klassisch-literarischen Filmen der
50er Jahre oder von den aufwendigen Produktionen der
60er Jahre (einige haben viele Millionen Dollar verschlun-
gen) entfernt, sind *X, Y and Zee* (›X, Y und Zee‹) und
Hammersmith Is Out reine Cliquen-Filme; matschige Vehikel für eine alternde Zelluloid-Königin.

In den Anzeigen für *Night Watch* (›Die Nacht der tausend
Augen‹, 1973) wurde angekündigt, daß während der letzten
zwanzig Minuten niemand sitzen bleiben würde. Dies war
eine unverblümte Erinnerung daran, daß Elizabeth Taylor
noch nie zuvor in einem Film des niederen Genres aufgetreten war. Ihre Karriere war zum größten Teil auf glanzvolle
romantische Dramen beschränkt gewesen. Crime Thrillers,
Abenteuer- und Kriegsfilme, Musicals… das alles hatte geradezu auffallend gefehlt. Aber hier war nun ein kitschiger
Reißer mit sensationellem Schluß.

Der Film ist überladen mit allem, was zu einem richtigen
Thriller gehört: Gespenster (vielleicht echt, vielleicht nur
eingebildet); ein verlassenes, unheimliches Haus; dumpfes
Donnergrollen; demonstrativ zur Schau gestellte Küchen-
messer und so weiter. Lucille Fletchers gekünstelter Broad-
way-Krimi steht sogar noch eine Stufe tiefer als *Hammersmith Is Out*. Bei dem Versuch, dem Film ein unheimliches
Ende zu geben, ersticht Liz nahezu fröhlich ihren Mann und
dessen Geliebte, wobei sie geradezu alarmierend aussieht
wie Baby Jane oder Sweet Charlotte.

›Night Watch‹ – ›Die Nacht der tausend Augen‹ (1973); als Ellen Wheeler.

Trotz all dieser Umstände befindet sich die Taylor auf durchaus vertrautem Territorium; sie spielt wieder einmal die reiche, unbeschäftigte und unerwünschte Ehefrau. Diesmal ist sie jedoch keine Widerspenstige. Sie ist eine kühle, listig-geschickte Dame, die sich den Anschein gibt,

179

eine zerrüttete Person zu sein, während sie nach einem sorgfältig ausgeklügelten Plan Verrücktheit zur Schau stellt; sie ›sieht‹ Tote im Haus nebenan. So hofft sie, ihren fremdgehenden Mann und ihre treulose beste Freundin in die Falle zu locken. Obwohl es ständig Hinweise gibt, werden wir uns dieser Maskerade erst am Schluß so richtig bewußt. Dieses auf Rache versessene Eheweib ist eine heikle, zweischneidige Rolle, und wie bei der Taylor in letzter Zeit üblich, ist ihre Darstellung nicht kontinuierlich; in einer Szene wirkt sie subtil und einschmeichelnd, in der nächsten dagegen wie fehl am Platz.

Es ist keine schmeichelhafte Rolle; Liz spielt eine Ehefrau, die zweimal verschmäht wird. Zwei Ehemänner haben sie zurückgestoßen. Ihre Neurose-Show ist zu maniert und läßt zu stark die Schauspielerin durchblicken, um restlos überzeugend zu wirken. Am besten ist Liz noch am Anfang; sie ist die ernste, strenge Ehefrau der oberen Gesellschaftsschicht. Gut ist sie auch wieder am Schluß, als sie sich direkt mit ihrer Gegenspielerin anlegt. Besonders ansprechend und gefällig ist sie gegen Ende des Films, wenn man die ruhige Überlegung unter der affektierten Hysterie erkennen kann. Liz versteht es selbst als messerschwingende Mörderin noch, ihre Zuschauer zu umwerben.

Nach diesem zweitklassigen Horrorfilm kamen weitere Mißerfolge, die zum Teil unter Ausschluß der Öffentlichkeit liefen und das endgültige Ende der Filmkarriere von Elizabeth Taylor einläuteten.

Victory at Entebbe (›Unternehmen Entebbe‹) war einer von mehreren hastig zusammengeschusterten Action-Streifen, in denen das israelische Kommandounternehmen schamlos vermarktet wurde. Das massenhafte Auftreten von Weltstars wie Burt Lancaster, Kirk Douglas, Helmut Berger, Richard Dreyfuss, Linda Blair und Elizabeth Taylor konnte nicht über das schwache Drehbuch hinwegtäuschen, das die Wirklichkeit auf kitschige Weise kolportierte. Liz spielt die Mutter der jungen Linda Blair und ist genauso austauschbar wie die Darsteller in jedem Katastrophenfilm. *Victory at Entebbe* (›Unternehmen Entebbe‹) steht auf einer Stufe mit den Airport-Fortsetzungen und ist nur noch ein bißchen langweiliger.

Das Publikum blieb dem Film fern oder verließ frühzeitig das Kino, wofür nicht nur die Proteste und Bombenanschläge palästinensischer Untergrundkämpfer und die gleichzeitige Ausstrahlung eines anderen Entebbe-Films im Fernsehen verantwortlich waren.

Der nächste Film der Taylor wurde als Meilenstein der Kinogeschichte angezeigt und wenige Tage nach der Veröffentlichung zurückgezogen. Bemerkenswert an dem kitschigen Streifen *The Blue Bird* war nur die Tatsache, daß zum erstenmal Russen und Amerikaner gemeinsam einen Film produzierten und amerikanische Superstars an russischen Originalschauplätzen in Leningrad und Moskau drehten. Liz übernahm in diesem Film gleich vier Rollen (Mutter, mütterliche Liebe, Hexe, Licht), ohne dem sentimentalen Märchen dadurch Konturen und Profil zu geben.

Elizabeth Taylors vorerst letzter und zugleich erfolglosesster Film wurde 1977 in Wien abgedreht. *A Little Night Music* ist ein romantisches Musical, das nach dem Drehbuch von Hugh Wheeler entstand und von Altmeister Steven Sondheim vertont wurde. Eines seiner Lieder *(Love Takes Time)* wurde im Theater an der Wien für den Film mitgeschnitten. Die schönen Melodien änderten aber nichts an der mangelhaften Qualität des Films, die ihn schon bald in den Archiven verstauben ließ.

Elizabeth Taylor ahnte den Mißerfolg wohl voraus, denn bei der Uraufführung des Films beim Festival von Deauville in Frankreich war sie nicht unter den Premierengästen. Dabei war der Film als größter Kassenschlager des folgenden Jahres angekündigt worden. Als die ersten Zuschauer schon nach fünf Minuten das Kino verließen und nach der Hälfte des Films kaum noch jemand im Zuschauerraum saß, glaubten selbst die größten Optimisten nicht mehr daran. Der

Film wurde zurückgezogen und kam nicht zur Aufführung.

Die Schauspielerin hatte den absoluten Tiefpunkt ihrer Karriere erreicht, dafür machte sie wieder als Privatfrau von sich reden. Nachdem ihre Ehe mit Richard Burton ein spektakuläres Ende gefunden hatte, heiratete sie den Politiker John William Warner jr., den sie von nun an auf allen Wahlreisen begleitete. Wer sich in der amerikanischen Politik auskennt, weiß nur zu gut, daß das Showbusiness und die Politik viel gemeinsam haben. Für Liz war die Ehe eine neue Rolle, sie spielte jetzt die liebende und treue Ehefrau, die alles tut, um ihrem Mann den Erfolg zu ermöglichen. Tatsächlich gelang es Warner, mit Liz' Hilfe zum Senator gewählt zu werden.

Ob die Zukunft wieder etwas Neues bringt? Wer die vielen Stationen der Elizabeth Taylor beobachtet, muß fast daran glauben.

Als Kind war sie ein Engel mit dem Gesicht einer Frau. Als Naive hatte sie das Herz einer Kokotte im Körper einer Göttin. Southern Belles verhalfen ihr zur Filmreife. Hollywood-Skandalweiber gaben ihr Selbstvertrauen, Zuversicht und Freiheit.

Elizabeth Taylor hat seitdem nicht stillgestanden. Von der heiligen Tierliebhaberin über das arme, kleine, reiche Mädchen bis zur jungen leidenschaftlichen Frau, zur vulgären Old-Hollywood-Hure und zur Senatoren-Gattin… ständig hat sie an ihrem Image geschmiedet, es ausgeweitet, nachdrücklich betont und – auch das muß gesagt werden – lächerlich gemacht. Vielleicht ist sie keine inspirierte, aber doch eine instinktive Schauspielerin; eine Darstellerin mit Stil, Temperament und Individualität… so hat die Taylor seit dreißig Jahren nicht zu arbeiten aufgehört.

Das kleine Mädchen, das vor den Augen eines ganzen Landes aufgewachsen ist, der Filmstar mit dem am stärksten von der Öffentlichkeit ausgeschlachteten Privatleben in der Hollywood-Geschichte, die *Queen of Tinsel Town*… Elizabeth Taylor ist unbestreitbar eine der letzten ihrer Art.

Die Filme von Elizabeth Taylor

Der Name des Regisseurs folgt dem Uraufführungsdatum.
DB = Drehbuch; b/a = basiert auf.

1. **There's One Born Every Minute.** Universal, 1942. *Harold Young.* DB: Robert B. Hunt und Brenda Weisberg.
   Besetzung: Hugh Herbert, Tom Brown, Peggy Moran, Catherine Doucet, Carl ›Alfafa‹ Switzer.
2. **Lassie Come Home** – (›Heimweh‹). MGM, 1943. *Fred M. Wilcox.* DB: Hugo Butler; b/a Roman von Eric Knight.
   Besetzung: Roddy McDowall, Donald Crisp, Dame May Whitty, Edmund Gwenn, Elsa Lanchester.
3. **Jane Eyre** – (›Die Waise von Lowood‹). Twentieth-Century Fox, 1944. *Robert Stevenson.* DB: Aldous Huxley, John Houseman und Mr. Stevenson; b/a Roman von Charlotte Bronte.
   Besetzung: Orson Welles, Joan Fontaine, Margaret O'Brien, Peggy Ann Garner, Sara Allgood, Ethel Griffies, Mae Marsh.
4. **White Cliffs of Dover.** MGM, 1944. *Clarence Brown.* DB: Claudine West, Jan Lustig und George Froeschel; b/a Gedicht *The White Cliffs* von Alice Duer Miller.
   Besetzung: Irene Dunne, Alan Marshal, Roddy McDowall, Van Johnson, Dame May Whitty, Gladys Cooper.
5. **National Velvet.** MGM, 1944. *Clarence Brown.* DB: Theodore Reeves und Helen Deutsch; b/a Roman von Enid Bagnold.
   Besetzung: Mickey Rooney, Donald Crisp, Anne Revere, Angela Lansbury.
6. **Courage of Lassie.** MGM, 1946. *Fred M. Wilcox.* DB: Lionel Houser.
   Besetzung: Frank Morgan, Tom Drake, Selena Royle, George Cleveland.
7. **Cynthia.** MGM, 1947. *Robert Z. Leonard.* DB: Harold Buchman und Charles Kaufman; b/a Stück *The Rich Full Life* von Viña Delmar.
   Besetzung: George Murphy, S.Z. Sakall, Mary Astor, Gene Lockhart, Spring Byington, James Lydon.

8. **Life With Father.** Warner Brothers, 1947. *Michael Curtiz*. DB: Donald Ogden Stewart; b/a Stück von Howard Lindsay und Russel Crouse in der Fassung des verstorbenen Clarence Day jr.
Besetzung: William Powell, Irene Dunne, Edmund Gwenn, ZaSu Pitts, James Lydon.

9. **A Date With Judy** – (›Wirbel um Judy‹). MGM, 1948. *Richard Thorpe*. DB: Dorothy Cooper und Dorothy Kingsley nach den von Aleen Leslie geschaffenen Charakteren.
Besetzung: Wallace Beery, Jane Powell, Carmen Miranda, Xavier Cugat, Robert Stack, Scotty Beckett, Selena Royle, Leon Ames.

10. **Julia Misbehaves** – (›Julia benimmt sich schlecht‹). MGM, 1948. *Jack Conway*. DB: William Ludwig, Harry Ruskin und Arthur Wimperis; b/a Roman *The Nutmeg Tree* von Margery Sharp in der Fassung von Gina Kaus und Monckton Hoffe.
Besetzung: Greer Garson, Walter Pidgeon, Peter Lawford, Cesar Romero, Lucile Watson, Mary Boland, Veda Ann Borg.

11. **Little Women** – (›Kleine tapfere Jo‹). MGM, 1949. *Mervyn LeRoy*. DB: Andrew Solt, Sarah Y. Mason und Victor Heerman; b/a Roman von Louisa May Alcott.
Besetzung: June Allyson, Peter Lawford, Margaret O'Brien, Janet Leigh, Rossano Brazzi, Mary Astor.

12. **Conspirator** – (›Verschwörer‹). MGM, 1950. *Victor Saville*. DB: Sally Benson und Gerald Fairlie; b/a Roman von Humphrey Slater.
Besetzung: Robert Taylor, Robert Flemyng, Honor Blackman, Thora Hird, Wilfred Hyde-White.

13. **The Big Hangover.** MGM, 1950. *Norman Krasna*. DB: Mr. Krasna.
Besetzung: Van Johnson, Percy Waram, Leon Ames, Edgar Buchanan, Gene Lockhart, Selena Royle, Rosemary De-Camp.

14. **Father of the Bride** – (›Vater der Braut‹). MGM, 1950. *Vincente Minnelli*. DB: Frances Goodrich und Albert Hackett; b/a Roman von Edward Streeter.
Besetzung: Spencer Tracy, Joan Bennett, Don Taylor, Billie Burke, Moroni Olsen, Leo G. Carroll, Rusty Tamblyn.

15. **A Place in the Sun** – (›Ein Platz an der Sonne‹). Paramount, 1951. *George Stevens*. DB: Michael Wilson und Harry Brown,

b/a Roman *An American Tragedy* von Theodore Dreiser und Stück von Patrick Kearney.
Besetzung: Shelley Winters, Montgomery Clift, Keefe Brasselle, Raymond Burr.

16. **Father's Little Dividend** – (›Ein Geschenk des Himmels‹). MGM, 1951. *Vincente Minnelli.* DB: Albert Hackett und Frances Goodrich nach den von Edward Streeter geschaffenen Charakteren.
Besetzung: Spencer Tracy, Joan Bennett, Billie Burke, Moroni Olsen, Rusty Tamblyn.

17. **Love Is Better Than Ever.** MGM, 1952. *Stanley Donen.* DB: Ruth Brooks Flippen.
Besetzung: Larry Parks, Josephine Hutchinson, Tom Tully, Ann Doran, Elinor Donohue, Kathleen Freeman.

18. **Ivanhoe** – (›Ivanhoe, der schwarze Ritter‹). MGM, 1952. *Richard Thorpe.* DB: Noel Langley in der Fassung von Aeneas MacKenzie; b/a Roman von Sir Walter Scott.
Besetzung: Robert Taylor, George Sanders, Emlyn Williams, Joan Fontaine, Finlay Currie, Felix Aylmer.

19. **The Girl Who Had Everything.** MGM, 1953. *Richard Thorpe.* DB: Art Cohn; b/a Roman *A Free Soul* von Adela Rogers St. Johns.
Besetzung: William Powell, Gig Young, Fernando Lamas, James Whitmore.

20. **Rhapsody** – (›Symphonie des Herzens‹). MGM, 1954. *Charles Vidor.* DB: Fay und Michael Kanin in der Fassung von Ruth und Augustus Goetz; b/a Roman *Maurice Guest* von Henry Handel Richardson.
Besetzung: Vittorio Gassman, John Ericson, Louis Calhern, Michael Chekhov.

21. **Elephant Walk** – (›Elefantenpfad‹). Paramount, 1954. *William Dieterle.* DB: John Lee Mashin; b/a Roman von Robert Standish.
Besetzung: Dana Andrews, Peter Finch, Abraham Sofaer, Mylee Haulani.

22. **Beau Brummell** – (›Beau Brummell, Rebell und Verführer‹). MGM, 1954. *Curtis Bernhardt.* DB: Karl Tunberg nach dem Stück von Clyde Fitch.
Besetzung: Stewart Granger, Peter Ustinov, Rosemary Harris, James Donald, Robert Morley.

23. **The Last Time I Saw Paris** (›Damals in Paris‹). MGM, 1954. *Richard Brooks*. DB: Julius J. und Philip G. Epstein und Mr. Brooks; b/a Short Story *Babylon Revisited* von F. Scott Fitzgerald.
Besetzung: Van Johnson, Walter Pidgeon, Donna Reed, Eva Gabor.

24. **Giant** – (›Giganten‹). Warner Brothers, 1956. *George Stevens*. DB: Fred Guiol und Ivan Moffat; b/a Roman von Edna Ferber.
Besetzung: Rock Hudson, James Dean, Carroll Baker, Jane Withers, Mercedes McCambridge, Chill Wills, Sal Mineo, Dennis Hopper.

25. **Raintree Country** – (›Das Land des Regenbaumes‹). MGM, 1957. *Edward Dmytryk*. DB: Millard Kaufman; b/a Roman von Ross Lockridge jr.
Besetzung: Montgomery Clift, Eva Marie Saint, Nigel Patrick, Lee Marvin, Rod Taylor, Jarma Lewis, Tom Drake.

26. **Cat on a Hot Tin Roof** – (›Die Katze auf dem heißen Blechdach‹). MGM, 1958. *Richard Brooks*. DB: James Poe und Mr. Brooks; b/a Stück von Tennessee Williams.
Besetzung: Paul Newman, Burl Ives, Judith Anderson, Jack Carson, Madeleine Sherwood.

27. **Suddenly, Last Summer** – (›Plötzlich im letzten Sommer‹). Columbia, 1959. *Joseph L. Mankiewicz*. DB: Tennessee Williams und Gore Vidal; b/a Stück von T. Williams.
Besetzung: Katharine Hepburn, Montgomery Clift, Mercedes McCambridge.

28. **Butterfield 8** – (›Telefon Butterfield 8‹). MGM, 1960. *Daniel Mann*. DB: Charles Schnee; b/a Roman von John O'Hara.
Besetzung: Laurence Harvey, Eddie Fisher, Mildred Dunnock, Betty Field, Dina Merrill.

29. **Cleopatra** – (›Cleopatra‹). Twentieth-Century Fox, 1963. *Joseph L. Mankiewicz*. DB: Ranald MacDougall, Sidney Buchman und Mr. Mankiewicz nach historischen Quellen von Plutarch, Sueton, Appian u. a. sowie nach *The Life and Times of Cleopatra* von C.M. Franzero.
Besetzung: Rex Harrison, Richard Burton, Roddy McDowall.

30. **The VIPs** – (›Hotel International‹). MGM, 1963. *Anthony Asquith*. DB: Terence Rattigan.

Besetzung: Richard Burton, Louis Jourdan, Maggie Smith, Margaret Rutherford, Orson Welles, Rod Taylor, Linda Christian.

31. **The Sandpiper** – (›... die alles begehren‹). MGM, 1965. *Vincente Minnelli*. DB: Dalton Trumbo und Michael Wilson; b/a Original-Story von Martin Ransohoff.
Besetzung: Richard Burton, Eva Marie Saint, Robert Webber.

32. **Who's Afraid of Virginia Woolf?** – (›Wer hat Angst vor Virginia Woolf?‹). Warner Brothers, 1966. *Mike Nichols*. DB: Ernest Lehman; b/a Stück von Edward Albee.
Besetzung: Richard Burton, George Segal, Sandy Dennis.

33. **The Taming of the Shrew** – (›Der Widerspenstigen Zähmung‹). Columbia, 1967. *Franco Zeffirelli*. DB: Paul Dehn, Suso Cecchi d'Amico und Mr. Zeffirelli; b/a Stück von William Shakespeare.
Besetzung: Richard Burton, Michael Hordern, Cyril Cusack, Alan Webb, Michael York.

34. **Reflections in a Golden Eye** – (›Spiegelbild im goldenen Auge‹). Warner Brothers, 1967. *John Huston*. DB: Chapman Mortimer und Gladys Hill; b/a Roman von Carson McCullers.
Besetzung: Marlon Brando, Brian Keith, Robert Forster, Julie Harris, Zorro David.

35. **The Comedians** – (›Die Stunde der Komödianten‹). MGM, 1967. *Peter Glenville*. DB: Graham Greene nach seinem Roman.
Besetzung: Richard Burton, Alec Guiness, Peter Ustinov, Roscoe Lee Browne, Gloria Foster, Paul Ford, Lillian Gish.

36. **Doctor Faustus** – (›Doktor Faustus‹). Columbia, 1968. *Richard Burton* und *Nevill Coghill*. DB: Mr. Coghill; b/a Stück von Christopher Marlowe.
Besetzung: Richard Burton, Andreas Teuber.

37. **Boom!** – (›Brandung‹). Universal, 1968. *Joseph Losey*. DB: Tennessee Williams nach seinem Stück *The Milk Train Doesn't Stop Here Any More*.
Besetzung: Richard Burton, Noel Coward, Joanna Shimkus, Michael Dunn, Howard Taylor.

38. **Secret Ceremony** – (›Die Frau aus dem Nichts‹). Universal, 1968. *Joseph Losey*. DB: George Tabori; b/a Short story von Marco Denevi.
Besetzung: Mia Farrow, Robert Mitchum.

39. **The Only Game in Town** – (›Das einzige Spiel in der Stadt‹). Twentieth-Century Fox, 1970. *George Stevens*. DB: Frank D. Gilroy nach seinem Stück.
Besetzung: Warren Beatty.

40. **X, Y and Zee** – (›X, Y und Zee‹). Columbia, 1972. *Brian G. Hutton*. DB: Edna O'Brien.
Besetzung: Michael Caine, Susannah York, Margaret Leighton.

41. **Hammersmith Is Out** – (›Hammersmith Is Out‹). J. Cornelius Crean Films, 1972. *Peter Ustinov*. DB: Stanford Whitmore.
Besetzung: Richard Burton, Peter Ustinov, Beau Bridges, Leon Ames, George Raft.

42. **Under Milk Wood** – (›Unter dem Milchwald‹). Altura Films, 1972. *Andrew Sinclair*. DB: Mr. Sinclair; b/a Stück von Dylan Thomas.
Besetzung: Richard Burton, Peter O'Toole, Vivien Merchant, Glynis Johns, Ann Beach.

43. **Divorce His, Divorce Hers** – (›Seine Scheidung, Ihre Scheidung‹). ABC-TV, 6. u. 7. Februar 1973. *Waris Hussein*. DB: John Hopkins.
Besetzung: Richard Burton, Gabriele Ferzetti, Barry Foster, Carrie Nye.

44. **Night Watch** – (›Die Nacht der tausend Augen‹). Avco-Embassy, 1973. *Brian G. Hutton*. DB: Tony Williamson; b/a Stück von Lucille Fletcher.
Besetzung: Laurence Harvey, Billy Whitelaw, Bill Dean, Robert Lang.

45. **Ash Wednesday** – (›Die Rivalin‹). Eine Sagittarius-Produktion im Verleih von Paramount, 1973. *Larry Peerce*. DB: Jean-Claude Tramont.
Besetzung: Henry Fonda, Helmut Berger, Keith Baxter.

46. **Identikit (The Driver's Seat).** Rizzoli-DeLaurentiis, 1974. *Guiseppe Patroni Griffi*. DB: Muriel Spark nach ihrem Roman.
Besetzung: Guido Manmari, Ian Bannen, Luigi Squarizina.

47. **That's Entertainment** – (›Das gibt's nie wieder‹). Fox/MGM, 1974. *Jack Haley jr*. DB: Jack Haley jr.
Besetzung: Fred Astaire, James Stewart, Bing Crosby, Gene Kelley, Peter Lawford, Liza Minnelli, Frank Sinatra.

48. **Victory at Entebbe** – (›Unternehmen Entebbe‹). Warner Columbia, 1976. *Marvin Chomsky*. DB: Earnest Kinoy.
Besetzung: Kirk Douglas, Burt Lancester, Helmut Berger, Richard Dreyfuss, Linda Blair, Helen Hayes, Anthony Hopkins.
49. **The Blue Bird.** Twentieth-Century Fox/Soviet, 1976. *George
Cukor*. DB: Alfred Hayes und Hugh Whitemore; b/a Stück
von Maurice Maeterlinck.
Besetzung: Jane Fonda, Ava Gardner, Cicely Tyson, Will
Greer, George Cole, Mona Washbourn.
50. **A Little Night Music.** Ohne Verleih, 1977. *Harold Prince*. DB:
Hugh Wheeler, Musik: Steven Sondheim.
Besetzung: Diana Rigg, Len Cariou, Hernione Gingold, Les-
ley Anne Down, Christopher Guard, Laurence Guiffard, Les-
ley Dunlop.

Bibliographie

Agee, James: *Agee on Film*. Beacon Press, Boston, 1958.

Allan, John B.: *Elizabeth Taylor: A Fascinating Story of America's Most Talented Actress and the World's Most Beautiful Woman*. Monarch Books, Derby, Connecticut, 1961.

Burton, Philip: *Early Doors. My Life and the Theatre*. The Dial Press, New York, 1969.

Brodsky, Jack & Nathan Weiss: *The Cleopatra Papers. A Private Correspondence*. Simon & Schuster, New York, 1963.

Cottrell, John & Fergus Cashin: *Richard Burton. Very Close Up*. Prentice Hall, Inc., Englewood Cliffs, New Jersey, 1971.

Elkin, Stanley: ›Miss Taylor and Family: An Outside View.‹ *Esquire,* November 1964.

Essoe, Gabe: ›Elizabeth Taylor's Career.‹ *Films in Review,* August/September 1970.

Latham, Aaron: *Crazy Sundays – F. Scott Fitzgerald in Hollywood*. Viking, New York, 1970.

Rice, Cy: *Cleopatra in Mink*. Popular Library, New York, 1962.

Ringgold, Gene: ›Elizabeth Taylor's Career.‹ *Film Careers,* Herbst 1963.

Schickel, Richard: *The Stars*. The Dial Press, New York, 1962.

Sheed, Wilfried: ›Burton and Taylor Must Go.‹ *Esquire,* Oktober 1968.

Taylor, Elizabeth: *Elizabeth Taylor*. Harper & Row, New York, 1964.

Waterbury, Ruth: *Elizabeth Taylor. Her Life, Her Loves, Her Future*. Appleton-Century, New York, 1964.

Register

Albee, Edward 132, 135, 136, 140, 166, 168
All About Eve 115
Allyson, June 50, *51*
American Tragedy, An 58
Andrews, Dana *76*, 80
Anne of the Thousand Days 143
Astor, Mary 42, *43*

Babylon Revisited 60
Bankhead, Tallulah 170, 172
Baum, Vicki 129
Beatty, Warren *148, 149,* 158ff.
Beau Brummell 86, *87,* 88, *89*
Bennett, Joan 50, 68, *69*
Big Hangover, The 56, 72, 73, *75,* 80, 81
Blue Bird, The 181
Boom! 18, 141, 149, 150, 151, *160/61,* 162, *163,* 164, 166, 168ff.
Brando, Marlon 8, *151, 154/55,* 162, 165
Bridges, Beau 8, *173,* 176
Burton, Richard 8, 21, 24, 116, 120, *121, 122, 125, 129,* 130, *131,* 131, 132, 134, 137, *137, 138/39, 142, 146/47,* 153, 156, 157, *159, 160/61,* 166, 172, *174,* 176, 182
Butterfield 8 7, 16, 90, *107, 109,* 110, *111, 113,* 150

Caine, Michael 8, *171,* 175
Cat on a Hot Tin Roof 8, 18, 90, 91, 100, *100, 101,* 102, 103, 104ff., 150
Cleopatra 86, 92, 115ff., *117, 118/119, 122,* 128, 130, 140, 150
Clift, Montgomery 7, *57,* 58, *59,* 96, *97,* 99, 100, *105,* 110, 114, 175
Comedians, The 145, *146/47,* 149, 150, 151, 153, 156
Conspirator 48, 52, *53, 54,* 55, 56, 66, 72, 73
Courage of Lassie 29, 30, 36, *38, 39,* 41, 57, 130
Crawford, Joan 10, 124
Cynthia 29, 41, 42, *42, 43,* 44, 46, 48, 52, 69

Date with Judy, A 44, *45,* 46, 57, 69
Davis, Bette 10, 144
Day, Doris 144
Dean, James *93, 94*
Dennis, Sandy *138/39*
Divorce His/Divorce Hers 174
Douglas, Kirk 180
Dr. Faustus 142, 143, 152, 153
Dreyfuss, Richard 180

Dunnock, Mildred *111,* 114

Elephant Walk 72, 73, *75, 76,* 78, 80
Ericson, John *81,* 84

Farrow, Mia *165, 167,* 172
Father Knows Best 66, 69
Father of the Bride 18, 56, *65,* 66, *67*
Father's Little Dividend 18, 66, 68, *69*
Fisher, Eddie 21, *22,* 24, *109,* 110, 114
Fitzgerald, F. Scott 60
Fonda, Jane 16, 132
Ford, Paul 156

Garson, Greer 48, *49,* 49
Gassman, Vittorio 7, *79,* 84
Giant 16, 18, 19, 80, 90, *91,* 92, *94,* 96
Gilroy, Frank D. 150, 158
Girl Who Had Everything, The 14, *70/71,* 72, *73,* 74, 152
Gone With the Wind 98
Granger, Stewart 88, *89*
Greene, Graham 150, 153, 156
Guinness, Alec *146/47,* 156

Hagen, Uta 135, 137
Hammersmith Is Out 7, 8, 141, 150, 152, 162, 164, 166, *173,* 174, 175ff., 178
Harris, Julie *152,* 164
Harrison, Rex *118/119,* 120, *121*
Harvey, Laurence 112, 114, *177*
Hatch, Robert 66, 109
Hayward, Susan 10
Hepburn, Katharine 10, *105,* 108, 124, 144
Hudson, Rock *91,* 92
Huston, John 150, 164

Ivanhoe 18, *82, 83,* 86
Ives, Burl 106

Jane Eyre 34, 35, *37,* 42, 58
Johnson, Van 7, 60, *61, 62/63,* 64, *75,* 80
Jones, James Earl *146/47*
Jourdan, Louis *126,* 130
Julia Misbehaves 48, *49*

Keith, Brian 162, 164

Lancaster, Burt 180
Lassie Come Home 26, *28,* 30
Last Time I Saw Paris, The 7, 16, 29, 56, 60, *61, 62/63,* 66, 90, 112
Lawford, Peter 48, *49*
Leigh, Janet 50, *51*
Life With Father 18, 44, *47,* 48, 68

Little Night Music, A 181
Little Women 50, 51, 57
Lockridge jr., Ross 96, 98
Losey, Joseph 150, 151, 171
Love is Better than Ever 7, 56,
  72, 74, 78
Lydon, Jimmy 44

Malyon, Eily 37
Mankiewicz, Joseph L. 115, 120,
  123
Mansfield, Richard 88
Marlowe, Christopher 153
McCambridge, Mercedes 135
McCullers, Carson 150, 162, 164
McDowall, Roddy 36
Milk Train Doesn't Stop Here Any
  More, The 150
Minnelli, Vincente 66, 68, 134
Mitchell, Margaret 98
Mitchum, Robert 172
Monroe, Marilyn 17
Moore, Roger 61
Morgan, Frank 38
Morley, Robert 87
Murphy, George 43

National Velvet 17, 18, 29, 30,
  32, 34, 35, 36, 41, 48, 57, 124,
  130, 144
Newman, Paul 100, 103, 106, 175
Nichols, Mike 135, 140, 141
Night Watch 177, 178, 179

O'Brien, Edna 150
O'Brien, Margaret 50, 51
O'Hara, John 111, 112, 114
Oliver, Susan 109
Olsen, Moroni 69
Only Game in Town, The 7, 148,
  149, 150, 152, 153, 156ff.
O'Toole, Peter 153

Parks, Larry 74, 78
Pitts, ZaSu 47
Place in the Sun, A 18, 19, 56,
  57, 58, 59, 90, 96, 112
Powell, Jane 44, 46, 47
Powell, William 47, 70/71

Raintree Country 7, 16, 18, 90,
  91, 95, 96, 97, 98, 99
Rattigan, Terrence 128, 130
Reflections in a Golden Eye 8,
  18, 141, 149, 150, 151, 151,
  154/55, 162ff.
Reid, Kate 135
Revere, Anne 32, 34, 35
Reynolds, Debbie 21, 110, 116,
  144
Rhapsody 7, 79, 81, 81
Rich Full Life, The 41
Rooney, Mickey 34
Roth, Philip 96
Rutherford, Margaret 132

Saint, Eva Marie 96, 100, 133
Sakall, S. Z. 42, 42
Sanders, George 85
Sandpiper, The 128, 129, 132ff.
Scott, Sir Walter 86
Secret Ceremony 7, 141, 149, 150,
  151, 162, 165, 166, 167, 172ff.
Segal, George 138/39
Servant, The 171
Shakespeare, William 115, 120,
  132, 166
Shaw, George Bernard 115, 120
Sherwood, Madeleine 108
Smith, Maggie 132
Sondheim, Steven 181
Stack, Robert 47
Stanwyck, Barbara 10
Stevens, George 56, 57, 58, 90,
  96, 150, 159
Strudwick, Shepperd 57
Subject was Roses, The 150
Suddenly, Last Summer 8, 18, 90,
  92, 102, 103, 105, 108
Switzer, Carl ›Alfalfa‹ 25, 26

Taming of the Shrew, The 18, 132,
  140, 149, 151, 155, 157, 159,
  162, 166ff.
Taylor, Don 65, 68, 69
Taylor, Robert 54, 55, 83, 86
There's One Born Every Minute
  26
Thomas, Dylan 153
Todd, Michael 21, 23, 24
Tracy, Spencer 67, 68, 69
Trumbo, Dalton 133

Under Milkwood 152, 153
Ustinov, Peter 87, 88, 146/47

Victory at Entebbe 180, 181
VIPs, The 8, 125, 126, 127, 128ff.

Warner jr., John William 182
Wheeler, Hugh 181
White Cliffs of Dover 34, 36
Who's Afraid of Virginia Woolf?
  18, 100, 132, 135ff., 136, 137,
  138/39, 141, 144, 145, 162,
  166, 168, 171
Wilding, Michael 20, 21, 24
Williams, Tennessee 100, 102,
  104, 106, 108, 109, 110, 150,
  170, 172
Wilson, Michael 133
Winters, Shelly 58

X, Y and Zee 8, 18, 141, 150,
  152, 162, 166, 169, 171, 174,
  175, 178

York, Susannah 175

Zeffirelli, Franco 168